위기의 대한민국을 논하다

위기의
대한민국을
논하다

조재길 지음

한국경제신문

문재인 정부는 '소득 주도 성장'과 '혁신 성장', '공정 경제'를 경제 부문 세 가지 국정 과제로 내세우고 2017년 5월에 출범했습니다. 신종 코로나바이러스 감염증(코로나19)이 경제·정치·사회·문화 등 모든 이슈를 집어삼켰지만 새 정부가 추진했던 경제·산업 정책의 공과는 그것대로 꼼꼼하게 따져 봐야 합니다. 우리 미래가 달린 일이기 때문입니다. 나름대로 성과를 낸 부분이 있지만 반면교사로 삼을 만한 정책도 적지 않습니다. 굵직한 현안을 시간 흐름 방식으로 재구성해 보면, 현재 시점에서 국가 정책을 입안하고 결정하는 데 도움이 될 수 있을 겁니다.

문 대통령이 내각 구성 후 첫 번째로 소화했던 일정은 인천 국제공항을 방문한 일이었습니다. 그 자리에서 문 대통령은 임기

내에 공공 부문 비정규직을 전부 정규직으로 전환하겠다고 선언했습니다. 친(親)노동 정부를 표방했던 만큼 비정규직의 정규직화를 위해 팔을 걷어붙였던 겁니다.

모든 정책적 판단엔 반대급부가 있습니다. 미국 등 선진국과 달리 노동 시장의 경직성이 대단히 높은 우리나라에선 더욱 그렇습니다. 대통령의 선언 이후, 공공 기관 고정비 중 큰 비중을 차지하는 인건비가 먼저 급증했습니다. 첫 번째 칼럼인 〈잘 나가던 인증 기관이 부실 덩어리가 된 사연〉에 실은 이런 사정이 들어 있습니다. 다섯 번째 칼럼 〈'시어머니 간섭'에 골병드는 국민의 기업들〉도 마찬가지입니다.

탈원전을 중심으로 한 에너지 정책은 야권의 비판이 집중됐던 부분입니다. 태양광·풍력 등 재생 에너지에 대한 국민적 관심을 환기하는 성과를 냈으나 우리나라 에너지 안보를 위협했다는 공격을 받았습니다. 한국전력, 한국수력원자력 등 초우량 에너지 공기업들은 줄줄이 부실 덩어리로 전락했습니다. 전체 국민과 기업이 부담하는 전기 요금엔 인상 요인이 누적됐습니다. 코로나19와 글로벌 경기 침체로 국제 유가가 급등락하는 가운데, 우리나라는 신규 에너지 개발 사업을 사실상 접었습니다.

성장률·소비·투자·수출 등 각 경제 지표는 우리 체력을 가늠해볼 수 있는 유용한 도구입니다. 이 지표가 우상향 움직임을 보이지 않고 있다면 원인을 따져 보고 해법을 강구해야 합니다.

정부가 경제 지표를 임의로 '마사지'하려는 움직임이 수차례 포착됐습니다. 왜 그런 유혹에 빠졌는지, 객관적 사실은 무엇인지 알아봐야 합니다. 이 책에 나오는 칼럼 〈"소수점 세 자리라니…" 의심스러운 정부 통계〉, 〈성장 추락의 원인을 밖에서만 찾는 정부〉, 〈미래 전망 다 틀렸는데 또 등장한 상저하고〉, 〈외국인 투자 지표를 마음대로 갖다 붙이면〉 등에 그 이유가 있습니다.

일본의 수출 규제가 발단이 됐던 한·일 무역 분쟁도 우리 산업계 역사의 이정표로 기록될 사안입니다. 언제부터인지 일본 내에선 한국을 겨냥한 '이상 기류'가 흐르고 있었습니다. 그 이면을 읽어 내는 게 중요합니다. 한·일 군사정보보호협정 (GSOMIA·지소미아) 폐지를 둘러싼 논쟁은 애당초 불필요한 갈등이었습니다.

정부의 초기 대응이 미숙했지만 소재·부품·장비 등 기반 산업에 대한 집중 투자의 물꼬를 트는 중요한 결정들을 내렸습니다. 결과적으로 우리 산업·경제에 전화위복으로 작용할 겁니다.

600여만 명의 자영업자에 대한 관심을 거둬선 안 됩니다. 대다수가 우리 사회의 경제적 약자에 속하는 데다 최저 임금의 급격한 인상, 주 52시간 근로제 도입 등 새 정책 시행에 따른 피해를 가장 많이 입었기 때문이죠. 우리나라에선 경제 활동 인구 네 명 중 한 명이 자영업자로 분류됩니다. 경제협력개발기구 (OECD) 중 최상위권에 위치할 정도로 많습니다. 미국과 일본에선 자영업자 비중이 경제 활동 인구 열 명 중 한 명꼴도 안 됩니다. 지속해서 고용을 창출하는 기업이 그만큼 많다는 의미입니

위기의 대한민국을 논하다

다. 〈"우린 어디서 배상받나…" 벼랑 끝 자영업자들〉, 〈기준 금리 낮췄는데 대출 금리는 왜 오르나〉 등에서 정부가 등한시했던 자영업자 대책을 생각해 봤습니다.

코로나19 발병 후 세계 각국은 공격적인 경기 부양책을 쏟아냈습니다. 〈코로나로 불붙은 경제 위기 10년 주기설〉에서 낙관적인 경기 전망을 경계하고, 〈코로나19에 가려진 '경제 복병' 국제 유가〉에서는 원유값 급등락이 가져올 충격을 진단했습니다.

국내 대표적인 계획도시인 세종시가 왜 실패작이 됐는지, 기업 실적이 악화하는 가운데 정부는 어떻게 300조 원이나 되는 세금을 걷으려고 하는지, 남미의 자원 부국 베네수엘라는 어쩌다 세계 최악의 빈국으로 전락했는지 등도 관심 있게 다뤘습니다.

《위기의 대한민국을 논하다》는 한경닷컴 및 네이버·다음 등 포털 사이트에 연재했던 〈조재길의 경제산책〉 중 주요 칼럼을 선별해 수정 작업을 거쳐 엮은 책입니다. 문 정부 출범 후 쏟아졌던 경제·산업 정책을 통시적으로 살펴보고, 각 정책 영향에 따른 미래 예측을 해 보는 데 초점을 맞췄습니다. 한국경제신문과 한경BP 가족들, KAIST의 양재석·서용석·최우석 교수님께 감사드립니다.

현대 경제 활동을 영위하는 데 필수인 시사·경제를 폭넓게 이해하고 활용하는 데 도움이 되기를 바랍니다.

조재길

차례

들어가며　　　　　　　　　　　　　　　　　　4

Ⅰ. 기업 · 고용

1. 화수분 전락한 공기업들　　　　　　　　　12
2. 국가 경쟁력은 산업에서　　　　　　　　　37

Ⅱ. 경기 · 정책

1. 갈팡질팡하는 조세 제도　　　　　　　　　52
2. 도마 위에 오른 경제 정책　　　　　　　　69

III. 에너지 · 환경

1. 에너지 백년대계 어디로   98

2. 탈원전 정책의 명암   115

3. 탄력받는 환경 · 시민운동   139

4. 재생 에너지의 그늘   159

IV. 국제 · 무역

1. 흔들리는 수출 · 통상   174

2. 고조되는 국제 경제 위기   197

3. 코로나 경제 대처법   213

I

기업 · 고용

1
화수분 전락한
공기업들

잘 나가던 인증 기관이 부실 덩어리가 된 사연 ●

한국산업기술시험원(KTL)이란 곳이 있습니다. 국내외에서 유통되는 제품의 품질과 안정성에 대해 시험하고 인증하는 공공 기관입니다. 정부 연구소 부설 기관이었다가 2006년 독립했습니다.

이 기관의 운명이 기구합니다. 원래 서울 구로구 디지털단지에 자리 잡고 있었는데, 2015년 뜬금없이 경남 진주로 이사를 가야 했습니다. 공공 기관 지방 이전을 골자로 한 국가균형발전 특별법이 생겼기 때문입니다.

진주혁신도시로 이사하는 데 350억 원의 자체 예산이 들었습니다. 지상 6층짜리 건물을 신축해야 했답니다. 하지만 이 회사는 애당초 지방으로 옮기는 게 맞지 않았습니다. 연간 3만여 중소기업을 대상으로 시험 인증 서비스를 제공하고 있는데, 대상 기업 대부분이 수도권에 있기 때문이죠. 본사가 있는 진주엔 이 회사 '고객사'가 거의 없습니다.

직원들은 일주일의 절반은 진주에, 나머지는 고객을 찾아 불가피하게 서울에 머무는 식으로 근무해 왔습니다. 사택 임차료뿐만 아니라 직원 출장비가 급증할 수밖에 없었죠. 2015년 이후 2년 연속 큰 폭의 적자를 냈던 배경입니다. 산업기술시험원은 경비 절감 등 치열한 자구 노력 끝에 2017년에서야 간신히 10억 원의 영업 이익을 냈습니다.

그런데 이번엔 '비정규직의 정규직 전환'이 국정 과제로 하달됐습니다. 새 정부 출범 이후의 일이었죠. 이 회사 정규직은 무기 계약직을 포함해 750명가량인데, 위촉 계약직, 파견 계약직 등 비정규직도 300명가량 됩니다. 정부는 이들을 빨리 정규직으로 전환하라고 독촉했습니다. 한꺼번에 정규직으로 전환할 경우 연간 50억~60억 원이 추가로 소요될 게 뻔합니다. 또다시 적지 않은 규모의 적자가 불가피하게 된 겁니다.

일반 공기업이라면 손실이 발생해도 별로 걱정할 게 없습니다. 정 안되면 혈세로 메워 주면 그만입니다. 공공 기관의 고용주는 정부 또는 지방 자치 단체이니까요. 하지만 이 회사는 '기타 공공기관'으로 분류돼 있습니다. 정부 정책을 충실히 이행하면서, 스스로 먹고살아야 하는 구조입니다. 정부 위탁 업무를 수행하고 있을 뿐 경영 방식은 민간 기업과 똑같다는 이야기입니다.

적자가 발생하면 직원들은 괴롭습니다. 자체 경비를 추가로 줄여야 하고 성과급을 받기도 어렵습니다. 체력 단련비 삭감 등 복지 측면에서도 손해를 볼 게 뻔합니다. 이 기관 관계자는 "여러 어려움이 있지만 경영 개선 노력과 함께 정부 정책을 이행하는 것 외에 방법이 있겠느냐"고 반문했습니다.

정책 변화에 따라 춤을 춰야 하는 공공 기관. 최근 들어 치솟은 몸값의 이면에 나름대로의 그늘이 있었습니다.

180도 태도 바꾼 석유공사에 어리둥절한 직원들 ●

"한국석유공사가 4조 5,000억 원을 주고 매입했던 캐나다 하베스트는 부도 위기에 직면하지 않았다."(2015년 6월 22일) "석유공사가 영국 다나 부실 유전에 3억 달러를 추가 지원했다는 주장은 사실이 아니다."(2015년 6월 26일) "하베스트 매장의 가치를 의도적으로 부풀려 분식 회계 했다는 의혹은 사실과 다르다."(2017년 7월 10일)

국내 대표적인 에너지 공기업인 한국석유공사가 과거 잇달아 내놓았던 해명 자료 내용입니다. 한결같이 의혹을 부인하는 게 골자였습니다. 새 정부가 들어선 2017년 7월도 다르지 않았습니다. "결과적으로 경영 판단 실수가 있었지만 분식 회계, 증거 인멸 등 범법 행위는 일절 없었다"고 강조했습니다.

그랬던 석유공사가 마지막 해명을 내놓은 지 약 1년 만에 '공개 반성문'을 썼습니다.

"무리한 해외 투자와 엄격하지 않은 사업 평가 기준을 사용해 막대한 손실을 초래했습니다. 국민 여러분께 진심으로 사죄드립니다."

하베스트와 다나 유전의 매장량을 과대평가하는 바람에 큰 손실을 입게 됐다는 걸 결국 시인한 겁니다. '국민의 기업'인 석유공사는 외부 용역 결과를 이사회에 허위 보고했고 수조 원의 손실을 냈습니다.

하베스트, 다나 등 해외에 파견 갔던 직원들이 복지비를 과도하게 챙겼다는 의혹에 대해서도 사과했습니다. 파견 직원들이 '휴가 때 항공 비용을 지급한다' 등의 규정을 제멋대로 만들었고, 사실상 국민 돈을 펑펑 썼다는 점에 대해 반성했습니다. 노사 공동으로 구성한 내부 개혁위원회 조사를 통해 위법 사실이 드러나면 관련자 책임을 묻고, 검찰 고발 등 조치를 취하기로 했습니다.

석유공사가 태도를 180도 바꾸자 어리둥절해 하는 직원이 적지 않다고 합니다. 관련 조사가 채 마무리되지 않았고, 사실관계가 명확하게 규명되지 않았는데 경영진이 공개 반성문부터 썼으니까요. 특히 유전 매장량의 과대평가 부분에 대해선 여전히 공박이 오갑니다.

여러 논란에도 불구하고 석유공사는 과거에 경험한 적 없는 '초유의 길'을 가야 합니다. 이 회사 부채는 총 18조 원에 달합니다. 부채 비율은 통제 범위를 벗어나 3,000퍼센트를 넘었습니다. 2013년만 해도 부채 비율은 172퍼센트에 불과했습니다.

다만 이런 상황이 석유공사엔 최악의 시나리오를 막아줬다는 분석도 나옵니다. 정권 교체 후 석유공사 수장으로 전문 경영인이 취임할 수 있었던 것도 이 회사 재무 악화가 감안됐던 것으로 보이기 때문입니다. 쉽게 말해 석유공사 사장 자리를 탐내는 '정치권 낙하산'이 없었다는 겁니다. 관례대로 낙하산이 내려왔다면 석유공사 회생은 더욱 요원했을 겁니다.

취업 비리 직원 감싸려다 딱 걸린 석유관리원 　　　　●

1983년 설립된 석유관리원은 가짜 석유 적발을 주 업무로 하는 공공 기관으로, 전체 직원은 420명 정도 됩니다. 최근 한국석유관리원이 인사 부서 직원 4명을 재징계했습니다. 일반적으로 재징계는 흔치 않습니다. 사내 징계여도 일사부재리의 원칙에 어긋나기 때문입니다.

사연은 이렇습니다. 석유관리원 인사 담당 직원들은 2016년

청년 인턴의 정규직 전환 과정에서 위법 행위를 했다는 점이 뒤늦게 적발됐습니다. 상급 기관인 산업통상자원부가 두 차례에 걸쳐 채용 비리 특별 감사를 벌인 결과였죠. 채용 비리가 큰 이슈로 떠오른 시점이었습니다.

직원들은 당시 면접자의 심사표를 조작하고 특정 합격자를 사전에 내정했다는 혐의를 받았습니다. 산업부 요구에 따라, 석유관리원은 자체 인사 위원회를 열었습니다. 그 결과 '인사 운영 원칙 및 임직원 책무를 위반했다'고 판단했으면서도, 직원들 소명을 들어본 뒤 경고 등 경징계 처분만 내렸습니다. 석유관리원이 똑같은 사유로 기관 경고 처분을 받은 뒤 이사장이 사퇴까지 했던 터여서 이례적으로 받아들여졌습니다.

수개월 뒤 석유관리원의 내부 징계 결과를 받아든 산업부가 발끈했습니다. 석유관리원에 대해 엄중 경고하는 한편 인사 위원회를 다시 소집하도록 지시했습니다. 석유관리원이 결국 채용 비리 혐의를 받았던 직원 4명의 징계 수위를 중징계인 '2명 정직, 2명 감봉'으로 번복한 배경입니다. 석유관리원이 1차로 내렸던 경징계는 '제 식구 감싸기'였다는 지적을 피할 수 없게 됐습니다.

다만 산업부를 포함한 정부 역시 불필요한 논란을 자초한 측면이 있습니다. "전(前) 정부 때 선임됐던 공기업 최고경영자(CEO)를 끌어내리려고 채용 비리 조사에 착수했던 게 아니냐"는 의혹이 제기됐던 상황에서, '낙하산'으로 분류되는 정치권 인사를 석유관리원의 새 이사장으로 발 빠르게 선임했기 때문이죠. 하필이면 시점이 공교로웠습니다. 정부가 오얏나무 밑에서 갓끈을 고쳐맸던 것일까요.

도 넘은 원전 운영 공공 기관의 기강 해이 ●

공기업인 한국수력원자력 사장이 페이스북에 "한빛 1호기 관련 내용으로 무겁게 임원 회의를 시작했다. 언제 어떤 경우에도 기본 정보와 사실을 투명하게 공개하고 개선 조치부터 우선 시행토록 해야 한다"고 썼습니다. 전날 저녁엔 "기다렸다는 듯이 체르노빌 폭발 사고 운운하는 거짓 비정부 기구(NGO) 인사에 화가 나지만 실수한 건 인정한다"고도 썼습니다.

무슨 일이 있었던 걸까요. 그가 언급한 한빛 1호기 사건은 2019년 5월 10일 발생했던 '발전소 이상 긴급 정지' 사태를 말합니다. 규제 기관인 원자력안전위원회는 "전라남도 영광의 한빛 1호기에서 당일 오전 10시 30분쯤 열 출력이 제한치(5퍼센트)를 크게 초과했는데도 약 12시간이 지난 오후 10시 2분에야 수동 정지됐다"고 발표했습니다.

또 원자로 조종 면허를 갖고 있지 않은 직원이 제어봉을 조작했기 때문에 원자력안전법 위반 가능성이 있다고 했습니다. 즉각 특별사법경찰관 및 한국원자력안전기술원 조사단을 20명 가까이 투입했습니다. 위법 사실이 확인되면 한국수력원자력 직원을 긴급 체포하고 구속 영장을 신청할 수 있다고도 했습니다. 이번 사건은 새 정부 출범 후 최악의 원전 관련 안전사고로 기록될 듯합니다.

한국수력원자력 측은 억울함을 호소했습니다. "오전 10시 30분 제어봉 인출 시점에 출력이 갑자기 18퍼센트까지 상승했지만 10시 32분 제어봉을 재삽입해 바로 안정 상태를 유지했다. 원자로 관련 면허를 가진 사람이 지시·감독하면 미소지자도 조작할 수 있다. 출력이 25퍼센트까지 상승하면 원자로가 자동 정지하는 시스템이 있어 폭발 가능성은 애당초 제로였다"는 것입니다.

사실관계를 확인해 보면, 한빛 1호기의 폭발 가능성은 처음부터 없었습니다. 당시 분명 '테스트' 중이었고 출력이 급상승하자 2분 만에 조치를 취해 안정을 되찾았으니까요. 원자로 자동정지 시스템이 이중 방어막을 치고 있었습니다. 원전 전문가들은 "설사 테러리스트들이 원전을 장악하더라도 조종만으로 고의 폭발을 일으킬 수는 없다"고 했습니다.

다만 지금까지 파악된 사실은 "열 출력이 5퍼센트를 넘으면 원자로를 멈춰야 한다는 규정을 실무자들이 인지하지 못하고 있었다"는 겁니다. 또 면허 소지자인 발전팀장은 원자력안전위원회 첫 조사에서 "나는 현장에서 정비원에게 제어봉을 만지라고 지시하지 않았다"고 했습니다. 국가 핵심 시설인 원전의 운영 책임을 갖고 있는 한국수력원자력 기강이 얼마나 해이해져 있는지 여실히 보여 주는 사례입니다. 원전 운영의 기본 지침조차 파악하지 못하고 있었으니까요. 한국수력원자력 내부에서 "정부의 탈원전 정책 때문에 원전 운영 등 핵심 인력이 부족해졌다"고 하소연하지만 국민에겐 변명으로 들릴 겁니다.

한국수력원자력은 한빛 1호기 시험 가동에 참여했던 발전팀장과 운영실장, 발전소장 등 3명을 보직 해임했습니다. 하지만 이들 3명만 처벌하는 데 그쳐선 안 된다는 여론이 많습니다. "원전을 당장 폐쇄하라"는 환경 단체들의 비논리적 성명서가 호응을 얻을 정도로, 원전 이미지에 치명상을 입혔기 때문입니다.

원자력계 일각에선 이런 이야기도 나옵니다.

"한빛 1호기 사태는 제도나 절차가 완비되지 않아서가 아니라 한국수력원자력 조직이 한순간에 적폐로 몰리면서 사기가 저하됐던 게 근본 원인이다. 국내 유일의 원전 운영 기관이 어쩌다 이렇게 됐는지 원인을 따져 봐야 유사 사고를 막을 수 있다."

'시어머니 간섭'에 골병드는 국민의 기업들　　　　　●

한국가스공사에서 투자자들이 빠져나가고 있습니다. 주가 하락과 궤를 같이합니다. LNG(액화 천연가스) 판매량이 늘면서 매년 조 단위 이익을 내던 견실한 공기업에 무슨 일이 있었던 걸까요.

원인은 정부 규제 리스크가 부각됐던 데 있습니다. 가스공사는 매년 5월 1일을 기해 향후 1년간의 공급 비용을 조정해 왔습니다. 공급 비용은 가스공사의 운영, 설비 투자 및 보수 등으로 가스 판매 가격에 직접적인 영향을 줍니다.

하지만 2019년 들어 달라졌습니다. 정부가 특별한 이유 없이 공급 비용 정산 작업을 미뤘던 겁니다. 산업통상자원부 관계자는 "가스공사가 도매 공급 비용과 총괄 원가 등을 산정해 승인 요청을 하는데, 검증 및 분석 작업이 늦어진 것"이라고 했습니다.

시장은 예민하게 반응했습니다. 아무리 공기업이라도 정부가 회계상 문제가 없는 비용 산정 시점까지 늦춘 건 이례적이기 때문이죠. 적어도 2015~2018년의 4년은 가스공사의 '5월 1일' 정산 일정에 차질이 빚어진 적이 없었습니다.

증권사인 하나금융투자는 보고서에서 "정부 규제에 대한 우려가 증폭됐고, 잘 유지돼온 이익 안정성이 훼손될 수 있는 게 주가 하락의 원인"이라고 분석했습니다. 그러면서 "공급 비용 조정 발표가 지연된 이유는 연료비 인상 때문"이라고 덧붙였습니다. 정부가 물가 안정 차원에서 가스공사 정산 문제에 접근하고 있다는 겁니다.

가스공사 관계자는 "한때 잘 나갔던 한국전력마저 적자로 돌아섰고 주가도 바닥을 보지 않았느냐"며 "외국인 등 기관 투자자들이 가장 싫어하는 게 정부 규제와 미래 불확실성인데 이런 요인이 한꺼번에 돌출됐다"고 했습니다.

공기업에 대한 정부 간섭은 하루 이틀 된 이야기가 아닙니다만, 문재인 정부 들어 더욱 심해진 건 분명합니다. 한 해 수천억~수조 원의 이익을 내던 공기업들이 탈원전 등 대통령 공약에 보조를 맞추려다 줄줄이 적자로 돌아선 게 대표적인 예입니다.

한국공항공사, 한국전력, 강원랜드 등 시장형 공기업(16개)은 2018년 총 1조 1,000억 원 넘는 순손실을 기록했습니다. 새 정부 출범 전인 2016년만 해도 이들 공기업 순이익은 11조 원에 달했습니다. 2년간 12조 원 넘게 허공으로 사라진 겁니다.

국내 최대 공기업인 한국전력공사는 부실 덩어리로 전락했습니다. 원자력보다 발전 단가가 3배가량 비싼 재생 에너지 및 LNG 전력을 많이 구입한 게 가장 큰 배경이죠. 그런데도 비정규직의 정규직화, 성과 연봉제 폐지, 신규 및 지역 인재 채용 확대, 전남 한전공대 설립 등 고비용 구조로 바뀌어 왔습니다. "탈원전에 따른 전기 요금 인상은 없다"고 공언했던 정부 때문에 수년 내 전기 요금을 올리는 일도 쉽지 않습니다.

또 다른 대형 공기업인 한국지역난방공사 역시 비슷한 처지입니다. 1985년 창사 이후 최악의 경영 성적을 기록 중인 이 회사는 고육지책으로 아파트 난방비를 인상하겠다며 정부 심의를 요청했지만 거부됐습니다. 전년도 연료비 등락분과 소비자 요금 간 차액을 1년에 한 차례 정산하는 '연료비 정산제'에 따라 회계상 오류만 없다면 정부가 승인을 거부할 수 없으나 현실은 다릅니다. 초우량 공기업들을 고비용 구조로 바꿔 적자가 누적됐지만 정부는 해법 마련에 소극적입니다. 근본적인 정책 변화가 없는 한 국민 부담(공공요금)을 높이는 방법이 사실상 유일하기 때문입니다.

공기업들은 국정 철학을 이행해야 할 숙명을 안고 있는 게 사실입니다. 하지만 정부가 포퓰리즘(인기 영합주의) 정책을 위해 일방적인 희생을 강요하거나, 주머니 쌈짓돈처럼 수익을 빼가면 결국 국민에게 부메랑으로 돌아올 겁니다. 세상에 공짜 점심은 없습니다.

●   **수천억 적자 내도 채용만 늘리면 높은 평가받나**

공기업은 기업일까요, 아닐까요? 우문(愚問)입니다만 요즘 답을 헷갈리게 만드는 일이 자꾸 생깁니다. 공기업을 사회단체쯤으로 치부하는 사례가 많아서입니다.

공기업은 당연히 기업입니다. 심지어 한국전력공사, 한국가스공사, 한국지역난방공사, 강원랜드, 한국전력기술 등은 국내외 증시에서 거래되는 상장업체입니다. 외국인 투자 비중도 꽤 높습니다.

그런데 정부가 발표한 공공 기관 경영 평가를 보면, "기업은 이윤의 획득을 목적으로 한다"는 기본 개념이 무색해집니다. 재무 구조가 형편없이 나빠진 공기업이 상대적으로 좋은 평가를 받았고, 그나마 탄탄한 공기업은 다른 이유로 최악의 점수를 받고 있습니다.

예컨대 한국전력, 한국수력원자력, 한국동서발전은 2019년 및 2020년 경영 평가에서 내리 우수(A) 또는 양호(B) 등급을 받았습니다. 모두 순손실을 기록하면서 수년 만에 최악의 실적을 냈던 곳들입니다. 반면 그나마 재무 구조가 탄탄한 한국전력기술, 한전KPS 등은 2019년 평가에서 미흡(D) 등급을 받아 기관장 경고 조치가 내려졌습니다.

공공 기관 경영 평가는 공기업 직원들로선 최대 관심사 중 하나입니다. 1년 내내 경영 평가 관리를 전담하는 부서를 별도로 두고 있습니다. 평가 결과에 따라 전체 직원의 연간 성과급이 달라집니다. 이런 상황에서 수천억~수조 원의 적자를 내고서도 좋은 경영 평가를 받는 희한한 일이 벌어진 겁니다.

이런 결과가 초래된 것은 문재인 정부가 과거와는 다른 잣대를 들이댔기 때문입니다. 수익성이나 재무 구조 비중을 확 낮추고 사회적 기여, 친환경 사업 등 정부 시책을 잘 따랐는지를 중점 평가했습니다.

예를 들어 경영 실적(재무) 항목을 종전의 절반으로 줄인 데이어 부채 점수의 경우 평가 항목에서 아예 빼버렸습니다. 빚을 무한정 늘린다고 해서 나쁜 점수를 받지 않게 된 겁니다. 재무 구조가 건실한지 여부는 공기업 평가 때 크게 중요하지 않게 됐습니다.

대신 사회적 가치 항목에 대한 점수를 대폭 확대했습니다. 신규 채용을 늘릴수록, 비정규직을 정규직으로 많이 전환할수록 높은 점수를 받았습니다. 사회적 가치와 같은 모호한 비계량 항목이 확대되면서 공기업들은 객관적인 지표 대신 정부만 쳐다보게 됐습니다. 일각에선 "회사가 망가지든 말든 일단 신규 인력만 늘려 놓고 보면 좋은 평가를 받아 성과급을 챙길 수 있는 것 아니냐"고 이야기합니다.

정부는 재무 건전성 등 객관적 지표 비중을 지금보다 더 낮추고 사회적 가치 점수를 높이는 방안도 추진 중입니다. 공기업들 사이에선 벌써부터 '정책 코드 맞추기' 움직임이 일고 있습니다.

공기업은 사회단체가 아닙니다. 적자가 누적돼 재무 구조가 부실화되면 누군가 메워줘야 합니다. 공기업 주인이 최종적으로는 국민인 만큼 결국 국민이 분담해야 할 몫입니다. 다만 그 부채 위기의 책임을 지는 게 현 정부는 아닐 가능성이 크다는 데 정책의 딜레마가 있습니다.

● **회계사 공채에 지원자 제로 "그래도 공기업인데…"**

강원 원주혁신도시의 한 공기업이 공인회계사(CPA) 모집 공고를 냈습니다. 대부분의 공기업이 지방으로 이전한 상태에서, 원주는 서울에서 멀지 않은 곳이기 때문에 지원자가 적지 않을 것으로 생각했답니다. 결과는 참담했습니다. 지원자가 단 한 명도 없었기 때문이죠.

더 어이없는 상황도 있었습니다. 이 공기업의 사내 회계사 중 3명이 한꺼번에 퇴사했던 겁니다. 해외 인수 합병(M&A) 등 굵직한 거래가 많아 반드시 회계 전문가들이 필요한 곳입니다. 평소 10명 정도 사내 회계사가 있었는데, 3명밖에 남지 않았다는군요.

이 공기업은 회계사 이탈을 막기 위해 전문 계약직 제도를 운용하고 있습니다. 연봉을 더 많이 주기 위해서죠. 그런데도 줄줄이 회사를 그만두거나 신규 응시자가 없는 겁니다. 이 기업 재무가 급속히 악화해 온 건 사실입니다만 그래도 정부가 대주주인 공기업입니다. 인위적인 인력 구조 조정은 없을 것이란 이야기입니다.

대형 공기업마저 회계사 구인난에 시달리는 건, 요즘 업계에서 벌어지고 있는 일반적인 현상입니다. 회계사 몸값이 어느새 금값이 된 겁니다. 회계 법인의 4~5년 차 젊은 회계사들 연봉은 수당을 합칠 경우 1억 원 안팎에 달한다고 합니다.

주된 원인은 새로 시행된 외부감사법 및 주기적 감사일 지정제입니다. 2019년 처음 시행됐는데, 일정한 회계 기준을 맞추지 못한 기업을 징벌적으로 처벌할 수 있도록 만든 게 새 제도의 골자입니다. 기업마다 회계 전문 인력 강화에 나섰고, 회계 법인에도 일감이 몰리고 있습니다. 규제가 대폭 강화되자 기업들이 이

쪽 투자를 늘릴 수밖에 없게 된 겁니다.

분식 회계 의혹으로 수년에 걸쳐 삼성그룹 임원들을 줄줄이 검찰 앞으로 불려가게 만든 '삼성바이오로직스 사태'도 중요한 계기가 됐던 것 같습니다. 회계 처리 방식이 임원들 거취는 물론 기업 흥망을 좌우할 정도라는 게 확인됐으니까요.

얼마 전까지만 해도 회계사의 위상은 계속 떨어지고 있었습니다. 회계사는 만년 '을'의 입장이어서 영업을 적극적으로 뛰어야 했습니다. 서울대 학생들의 관심이 떨어지면서 서울대 출신 합격자 수가 전국 대학 중 간신히 10위권을 유지할 정도였지요. 하지만 이제는 공기업의 회계사 구인난에서 드러났듯 당분간 '회계사 특수'가 계속될 것으로 보입니다.

● **한국전력공사 사장이 정부에 정면으로 반기 든 이유**

새 정부에서 한국전력공사 사장이 처음 바뀐 건 2018년 4월의 일입니다. 취임 일성은 '비상 경영 체제로의 전환'이었습니다. 정부의 탈원전 정책 등에 따라 한국전력공사 실적이 완전히 꺾이고 있었기 때문입니다.

하지만 한국전력공사의 경영 상태는 여전히 달라지지 않았습니다. 오히려 영업 손실이 눈덩이처럼 늘었습니다. 한국전력공사와 정부는 "국제 연료 가격 상승 때문"이란 말만 되풀이했습니다. 기업 경영을 외부 변수에만 의존하고 있다는 이야기입니다.

이 와중에 한국전력공사 사장이 수차례 작심 발언을 내놓았습니다. "한국전력공사가 시행하고 있는 각종 할인 제도를 없애겠다. 용도별 원가도 전부 공개하겠다"고 선언했습니다. 더 이상 '정부의 꼭두각시'가 아니란 걸 분명히 한 겁니다.

한국전력공사의 특례 할인 제도는 필수 사용량 보장 공제와 주택용 절전 할인, 전기차 충전 할인, 초·중·고교 및 전통 시장 할인, 신재생 에너지 할인, 에너지 저장 장치(ESS) 충전 할인 등 다양합니다. 한 해 1조 원을 훌쩍 넘는 돈이 사회적 약자 및 정부 정책 지원에 쓰입니다. 이걸 전부 중단하는 것은 물론 새로운 특례 할인을 도입하지 않겠다고 강조했습니다. 그러면서 "복지와 정부 정책은 정부 돈으로 추진하는 게 맞다"고 일침을 놓았습니다.

문재인 정부의 핵심 국정 과제인 탈원전에 대해서도 전과 다른 입장을 보였습니다. 그는 "적어도 2050년까지는 원전을 끌고 가면서 환경 문제를 해결해야 한다"고 했습니다. 지구 온난화 문제에 대응하기 위해서라도 대기오염 물질을 전혀 배출하지 않는 원전이 꼭 필요하다는 겁니다.

정부는 한국전력공사 사장의 돌출 발언에 맞대응을 자제했으나 내심 불쾌해했던 정황이 곳곳에서 포착됐습니다. 주무 부처인 산업통상자원부 관계자는 "각종 할인 폐지 및 전기 요금 원가 공개 등의 발언은 정부와 협의되지 않았다"며 "요금 체계 개편의 틀 안에서 신중하게 검토해야 할 문제"라고 했습니다.

에너지 업계에선 한국전력공사의 일괄적인 특례 할인 폐지는 사실상 불가능하다고 입을 모읍니다. 특례 할인 중에는 공기업으로서 마땅히 짊어져야 할 책임과 의무도 있기 때문이죠. 정부와 여당이 전체 국민에 영향을 미칠 요금 할인 폐지를 그냥 두고 볼 리도 없습니다.

그럼 한국전력공사 사장의 이런 강성 발언이 갑자기 왜 터져 나왔을까요. 경영 악화 및 주가 하락으로 소액 주주들로부터 배임 소송까지 당한 CEO로서 더 이상 물러설 곳이 없다는 판단이 들었던 게 주요 배경입니다. 탈원전, 한전공대 설립, 비정규직의 정규직 전환, 전기 요금 누진제 개편 등 현 정부의 핵심 정책을 정면으로 공박할 수 없으니 특례 할인 폐지란 우회 수단을 들고 나온 것이죠. 결국 "한국전력공사 적자가 누적되는 건 정부 책임인 만큼 한국전력공사로서도 전기 요금 인상으로 대응할 수밖에 없다"는 메시지를 보낸 겁니다. 소액 주주들에게도 "한국전력공사 역시 수익 개선을 위해 할 일을 하고 있지만 대주주인 정부가 막고 있다"고 하소연하는 효과도 있고요.

한국전력공사와 정부 모두 이런 사정을 다 알고 있지만 어느 쪽도 대놓고 이야기하지 못합니다. 한국전력공사 경영 악화의 원인이 이보다 높은 차원에서 비롯된 문제이기 때문이죠. 경제 현상을 경제 논리로 풀지 못하면 이렇게 선문답을 주고받고, 치열한 수 싸움에만 골몰해야 하는 일이 생깁니다. 뻔히 알면서도 풀기 어렵습니다.

한국전력공사에선 '신안 앞바다 선장'도 정규직? ●

국내 최대 공기업인 한국전력공사에 직책이 '선장'인 직원이 근무하고 있다는 사실을 아는 사람은 많지 않을 겁니다. 1990년대 후반에 입사한 박 모 씨로, 전남 신안 지사에서 정규직으로 일하고 있습니다. 현재 직급은 과장입니다. 해운 회사나 운송 회사가 아닌 전력 회사에서 선장을 두고 있는 곳으로는 여기가 유일할 것 같습니다.

전남 신안 앞바다엔 섬이 무척 많습니다. 섬 개수가 1,000개를 넘지요. 박 과장은 도서 지역의 전력 설비를 점검하는 한국전력공사 직원들을 실어 나르는 게 주 업무입니다. 국내 유일한 전기 도매업체인 한국전력공사는 전력 송·배전과 함께 설비 점검도 하고 있습니다. 공기업으로서 섬마을에도 안정적으로 전기를 공급해야 할 의무가 있기 때문이죠. 한국전력공사 관계자는 "선장뿐만 아니라 연안 운송선도 회사 소유"라며 "다른 직원을 두지 않고 혼자서 선장 겸 선원을 겸하고 있다"고 설명했습니다.

한국전력공사 내엔 다른 이색적인 배경을 가진 직원들도 근무하고 있습니다. 2019년 충북 진천 지사에 신입 사원으로 입사한 이 모 씨가 대표적입니다. H증권 애널리스트 출신인 그는 나이도 50대인 것으로 알려져 있습니다. 증권사 경력을 인정받지 못했는데도 안정적인 공기업을 택했습니다. 한국전력공사 관계자는 "입사 때 나이 제한이 없어지면서 다양한 경력직이 지원하고 있다"고 했습니다.

정규직만 2만 2,000여 명에 달하는 한국전력공사의 고민은 정작 다른 데 있습니다. 공기업 대표로서 국정 과제인 비정규직의 정규직 전환에 모범을 보여야 할 처지이기 때문이죠. 새 정부가 출범하기 전만 해도 한국전력공사의 비정규직은 8,500여 명에 달했습니다. 대부분 용역 회사 소속이었습니다. 한국전력공사는 2019년부터 한전FMS, 한전MCS, 한전CSC 등 자회사를 잇따라 설립해 용역 직원들을 정규직으로 전환해 왔습니다.

핵심은 한국전력공사 검침원 5,200여 명이었습니다. 정부 계획에 따라 스마트 전력 계량기(AMI) 보급을 확대해 왔는데, 이 전자동 계량기를 늘리면 역으로 검침원이 필요 없게 되기 때문입니다. 원격으로 전력 계측이 가능한 상황에서 검침원들이 가가호호 방문해 전기 사용량을 체크할 필요가 없다는 겁니다. 그나마 다행인 것은, 한국전력공사가 전국 2,250만 가구에 AMI를 보급하겠다는 계획이 심각한 자체 자금난 때문에 보류됐다는 것이죠.

전력업계 관계자는 "검침원이 머지않은 시기에 사라질 게 분명하지만 일단 정규직으로 전환한 뒤 다른 일이라도 맡겨야 한다는 게 정부 가이드라인"이라며 "하이패스 확대로 고속도로의 유인 요금소가 폐쇄될 위기에 처했으나 한국도로공사가 요금 수납원들을 재고용해 다른 일을 맡기는 것도 같은 맥락"이라고 했습니다.

정부가 공기업의 정규직 전환 가이드라인을 발표한 건 2017년 7월입니다. 당시 공기업 전체의 비정규직은 총 20만 5,000명이었지요. 한국전력공사를 포함한 공기업에선 대부분의 비정규직이 3년 만에 정규직으로 전환됐습니다. 그만큼 공기업들의 '평생 고용' 책임이 늘었습니다.

강원랜드 미스터리… '국제 조직'은 왜 푼돈을 털었나 ●

강원랜드가 발칵 뒤집힌 건 2020년 2월 7일 저녁이었습니다. 30~40대 나이의 외국인으로만 구성된 3인조가 카지노 슬롯머신의 현금 상자를 통째로 뜯어 달아난 게 확인됐기 때문입니다. 이들이 현금을 터는 데 걸린 시간은 5분이 채 되지 않았고, 범행 후 5~6시간 만에 인천 국제공항을 통해 해외로 빠져나갔습니다.

사건을 맡은 강원 정선 경찰서는 범행 수법이 무척 치밀했다는 점, 식별이 어려운 위조 여권을 동원했다는 점 등을 들어 국제 범죄 전문 조직이 개입했을 가능성이 높다고 보고 인터폴에 적색 수배 요청을 했습니다. 경찰 측은 "범인들이 입국부터 출국까지 사전에 치밀하게 준비했다. 세계 곳곳의 카지노를 노리는 전문 털이범이 아닌지 의심스럽다"고 했습니다.

하지만 몇 가지 의문점이 남습니다. 전문 조직 소행이라고 하기엔 강원랜드의 피해 금액이 너무 적습니다. 강원랜드와 경찰

측은 "외국인 현금 털이범 3인조가 훔친 돈은 총 2,400만 원"이라고 설명했습니다. 또 범인들의 인적 사항도 금방 드러났습니다. 오히려 강원랜드 측의 안이했던 보안 실태가 확인됐다는 평가가 나옵니다.

인천 공항을 통해 입국한 범인들은 서울에서 렌터카를 빌려 정선을 찾았고, 순차적으로 카지노에 입장했습니다. 손님이 별로 없는 슬롯머신 앞에 앉아 200만 원의 현금을 투입한 뒤 한두 번 게임 버튼을 누르고 곧바로 반환 버튼을 누르는 행동을 했습니다. 반환 버튼을 누르면 기계에 남아 있는 잔금을 돌려주는 '이지티켓'이 자동으로 인쇄돼 나옵니다. 이 티켓을 들고 환전 카운터에서 현금으로 교환한 뒤 다시 같은 슬롯머신으로 가 200만 원을 재입금했습니다. 이런 방식으로 두 시간 동안 12회에 걸쳐 슬롯머신 안에 차곡차곡 현금을 쌓았습니다. 총 2,400만 원이 이 슬롯머신의 현금 상자(일명 '빌 스테커')에 들어간 겁니다. 이들이 하나의 슬롯머신을 계속 점유할 수 있었던 건 강원랜드 내에 1,360대나 되는 슬롯머신이 있기 때문입니다.

범인들은 이후 강원랜드 보안 직원을 호출해 "해당 슬롯머신에 문제가 있다"고 이야기합니다. 직원이 만능 키를 사용해 슬롯머신의 현금 상자를 연 뒤 이상이 없음을 보여 주고 자리를 뜨자, 이들은 직원이 사용했던 방식으로 기계를 열고 현금 상자를 탈취했다고 합니다.

문제는 3인조가 훔친 돈이 2,000만 원 남짓이란 점입니다. 홍

콩 국적의 30대 남성과 페루 국적의 30~40대 남녀로 확인된 이들은 인천행 비행기를 타고 국내로 들어와 3일간 숙식했으며 렌터카를 빌렸고 정선에서 인천까지 택시를 이용했습니다. 위조 여권을 사용한 치밀한 작전, 3명의 왕복 항공권 및 숙식비, 인터폴 적색 수배까지 받게 된 처지 등을 감안할 때 사실상 '별로 남지 않는 장사'를 한 셈입니다. 국제 전문 조직의 소행이라고 보기엔 어설픈 점이 적지 않지요. 게다가 강원랜드 측 피해 금액인 2,400만 원엔 이들이 애초 들고 온 현금 200만 원이 포함돼 있기 때문에, 실제로 범인들이 훔친 돈은 2,200만 원일 것으로 추정됩니다.

정선 경찰서 관계자는 "지역 내 가장 큰 사건이 터졌기 때문에 정선 경찰서의 모든 형사들이 매달려 있다고 보면 된다"며 "CCTV까지 꼼꼼하게 살펴봤는데 피해 금액은 슬롯머신 하나에만 국한돼 있다"고 확인했습니다.

3인조는 또 한국에 입국하기 전 방콕행 비행기 티켓을 예매한 상태였습니다. 범행 직후 최대한 빨리 인천 공항에 도착해야 했기 때문에 일명 '총알택시'를 탔던 것으로 추정됩니다. 강원랜드 측이 슬롯머신의 현금 상자가 통째로 사라졌다는 사실을 눈치챈 것은 범행 후 한 시간 반 이상 지난 시점이었습니다. 정선 경찰서는 CCTV와 입장권 발권 현장의 영상을 통해 금방 용의자들을 특정했습니다. 이후 형사대를 인천 공항에 급파했으나, 공항에 갔을 때는 3인조가 20분 전 한국을 벗어난 뒤였습니다.

위기의 대한민국을 논하다

카지노 현장에서 용의자들을 특정한 뒤 얼굴 영상까지 확보한 정선 경찰서 측이 서둘러 인천공항경찰단과 공조했더라면 용의자들의 출국을 막을 수 있지 않았을까 하는 아쉬움이 남습니다. 정선 경찰서 측은 "용의자들 사진을 인천공항경찰단에 전송해 출국 심사대에서 바로 잡았으면 됐을 텐데 왜 그러지 못했느냐"는 질문에 대해 "현행법 및 관련 규정상 불가능한 부분이 있다"고 답변했습니다.

경찰은 범인들이 소위 만능 키를 사용해 슬롯머신의 현금통을 뜯어낼 수 있었을 것으로 의심하고 있습니다. 해당 만능 키가 기계에 맞는지 알아보기 위해, 게임 도중 강원랜드 보안 직원을 불러 슬롯머신 점검을 요청했다는 것입니다. 다만 만능 키가 무엇인지, 이것만 있으면 모든 슬롯머신을 열 수 있는 것인지는 여전히 미스터리입니다. 정선 경찰서 관계자는 "추가 범행 가능성도 있기 때문에 그 부분을 밝히는 데 수사력을 모으고 있다"고 했습니다. 사실 4~5년 전 유럽에서 콜롬비아, 페루 등 남미 폭력 조직이 만능 키를 사용해 슬롯머신 현금을 훔쳐 가는 사건이 수차례 발생한 적이 있습니다.

강원랜드의 자체 보안에도 문제가 있어 보입니다. 강원랜드는 국내 유일의 내국인 전용 카지노입니다. 외국인도 입장이 가능하지만, 서울에서 멀기 때문에 이곳을 찾는 외국인은 많지 않습니다. 외국인 3인조가 위조 여권을 사용해 영업장에 입장했을 때부터, 강원랜드가 이들을 주시할 이유가 있었다는 의미입니다. 범행이 일어났던 시점에 강원랜드엔 상당수 보안 인력이 정상 근무를 하고 있었습니다.

외국인 3인조가 12번에 걸쳐 이지티켓을 출력하고 같은 금액을 바꿔 가는 걸 반복했지만 이를 이상하게 여긴 직원은 없었습니다. 슬롯머신엔 비정상 움직임이 감지될 때 경고음이 울리는 장치도 설치돼 있었지만 접촉 불량 탓에 울리지 않았다고 합니다. 국내 최대 카지노인 강원랜드의 허술한 보안 시스템을 차제에 점검할 필요가 있다는 뜻입니다.

강원랜드의 연간 매출은 1조~2조 원에 달합니다. 영업 이익도 많이 내고 있습니다. 이에 비해 피해 금액 2,000여만 원이 크지 않은 건 사실입니다. 하지만 경찰이 범인들을 끝까지 추적해 잡아내야 '진짜 국제 범죄 조직'이 더 큰 범행을 도모하는 걸 포기하도록 만들 수 있을 겁니다.

위기의 대한민국을 논하다

2
국가 경쟁력은
산업에서

● **"소재·부품 급하다고 10개월 내 국산화하라니"**

정부 출연 연구 기관들의 발등에 불이 떨어졌습니다. 일본이 2019년 7월, 대(對) 한국 수출 규제를 본격화한 뒤 소재·부품 국산화를 시급히 완료해야 할 상황이 됐기 때문이죠. 정부가 관련 예산을 늘려준 것은 반가운 일이지만 시간이 없다는 게 문제입니다.

　서울 지역의 한 공학 교수는 "대전의 한 연구소를 방문했는데 정부가 특수 소재를 10개월 안에 개발하라고 독촉했다더라"며 "그렇게 쉽게 국산화할 수 있었다면 굴지의 대기업들이 왜 생돈을 들여 수입해 왔겠느냐"고 반문했습니다.

다른 연구소에도 확인해 보니, 정부 쪽에서 '10개월 내 완수' 목표를 여러 곳에 준 것은 사실이었습니다. 우연의 일치일 수 있으나 10개월 목표는 차기 선거(총선) 시기와 겹칩니다.

각 연구소 및 기관장들의 말을 종합해 보면, 우리나라 연구소와 기업들은 반도체 핵심 소재인 불화수소 등 기술에선 '파이브 나인(순도 99.999퍼센트)' 급을 상당 부분 확보하고 있다고 합니다. 문제는 '세븐 나인(순도 99.99999퍼센트)' 정도의 순도입니다. 전 세계적으로 일본이 가장 앞서 있지요.

파이브 나인과 세븐 나인 간 기술 격차를 좁히는 데 적지 않은 시간이 걸릴 수밖에 없습니다. 한 연구기관장은 "10개월 내 순도 세븐 나인을 달성할 수 있는 품목을 극히 일부 찾을 수 있겠지만 대부분은 수년에서 수십 년 동안 집중해도 쉽지 않다"고 했습니다.

가장 큰 이유로 우리나라엔 소재·부품 분야에서 국가 대표급 연구자가 거의 없다는 점을 꼽았습니다. 일본과는 연구 토양이 근본적으로 다르다는 것이죠. 그는 "연구개발자 중 실력이 뛰어난 사람은 연구자가 아닌 관리자로 승진하고, 실적이 좋은 대학교수들은 국가 프로젝트(연구비)를 좇아 전공 분야를 계속 바꾼다"며 "정부 출연 연구 기관이라고 해도 프로젝트 베이스여서 특정 연구에만 매달릴 수 있는 분위기가 아니다"고 단언했습니다. 정부가 공언하고 있는 '소재·부품·장비의 단기간 내 국산화' 전략에 큰 기대를 하지 말라는 솔직한 발언으로 해석할 수 있는 대목입니다.

　다만 한·일 간 기술 대치가 국내 연구 개발(R&D) 환경엔 전화위복이 될 것이라고 기대했습니다. 그는 "과거 예비 타당성 조사에서 탈락했던 기초 과학 연구 프로젝트들이 일본의 수출 규제 조치 후 갑자기 탄력을 받아 연구비를 확보할 수 있게 됐다"며 "기초 과학 연구에 대한 범정부 차원의 관심이 환기되면서 일단 해 보자는 분위기가 형성되고 있는 건 적지 않은 수확"이라고 했습니다.

　"기초 과학에 대한 투자 확대는 긍정적이지만 지나친 조급증은 실망을 안겨줄 수 있어 걱정"이란 이 기관장의 목소리에 정부가 귀를 기울여주면 좋겠습니다.

● 　　　　정부의 '미래 차 전략'만 기약 없이 미뤄진 이유

문재인 대통령은 2019년 5월, 충북 오송을 방문했습니다. 제약, 생명 공학, 의료 기기 등을 집중 육성하는 '바이오헬스 국가 비전 선포식'에 참석하기 위해서였죠. 바로 전 달에는 삼성전자 화성 사업장에서 시스템 반도체 국가 비전 선포식을 주재했습니다.

　대통령이 산업 전략 발표회에 참석하는 건 이례적입니다. 보안 등의 문제로 사전 준비 기간도 많이 걸리지요. 이건 모두 국가의 신성장 동력이자 비전으로 제시했던 3대 신산업 육성 전략

의 일환입니다. 3대 핵심 산업은 바이오헬스와 시스템 반도체, 미래 차입니다.

대통령이 대한민국의 미래 먹거리를 직접 챙기고 있다는 걸 보여 주는 행사인데, 어찌 된 일인지 정부가 미래 차 전략 발표만 기약 없이 늦췄습니다. 별다른 배경 설명도 없었지요. 원래 매달 1개씩 전략 발표 행사를 소화할 예정이었습니다.

그러는 사이 미래 차 전략의 핵심 기업인 현대기아차는 자체 비전을 발표했습니다. 하늘을 나는 자동차, 소위 '플라잉카'를 만들겠다는 겁니다. 현대차는 미 항공우주국(NASA)은 물론 대한항공 기술자들을 여럿 영입했습니다. 수직 이착륙 방식으로 도심 내에 쉽게 이동할 수 있도록 하겠다는 포부인데 현실화하면 혁신적인 이동 수단이 될 겁니다.

일반적으로 정부가 미래 전략의 밑그림을 그릴 때, 민간 기업과의 사전 조율을 통해 시너지를 내 왔는데 미래 차 부문만큼은 핀트가 어긋났다는 이야기가 나옵니다. 예컨대 정부가 시스템 반도체 전략을 내놓은 직후 삼성전자와 SK하이닉스가 자체 비전 및 투자 계획을 발표해 호응했지요.

주무 부처인 산업통상자원부에선 미래 차 국가 전략 발표를 위한 사전 준비까지 일찌감치 마쳤다고 합니다. 그런데도 '미래 차 국가 비전 선포'가 기약 없이 미뤄진 배경은 무엇일까요.

한·일 간 경제 갈등이 주요 원인 중 하나였던 것 같습니다. 산업부 관계자는 "일본의 수출 규제 문제가 갑자기 터지면서 핵심 역량을 이쪽에 집중하다 보니 미래 차 전략 발표가 청와대 우선 순위에서도 뒤로 밀렸다"고 말했습니다.

'조국 이슈'도 국정 현안의 발목을 잡았습니다. 조국 전 법무부 장관의 거취가 모든 이슈의 블랙홀이 됐기 때문입니다. 대중의 관심이 온통 여기에 쏠린 상황에서 미래 차 전략 발표가 핵심 기제가 될 수 없었다는 겁니다.

그러는 와중에 국회의 정기 감사가 시작됐습니다. 국감 도중엔 정부의 핵심 전략 발표가 쉽지 않습니다. 정부 관계자들이 모두 국감 준비에 몰두해야 하기 때문이죠. 청와대도 다르지 않습니다. 언론 역시 국감 이슈에 초점을 맞춥니다.

정치 현안 등 '비(非)경제 이슈'가 미래 차 국가 비전과 같은 경제 정책의 발목까지 잡았습니다.

●   **사라진 '1등급 에어컨' 안이함이 불러온 기현상**

정부가 전력 효율이 높은 가전제품을 사면 구입가의 10퍼센트를 환급해주는 '통 큰 세일'에 나섰습니다. 경기 침체가 심각했던 2019년은 물론 코로나19가 확산한 2020년에도 마찬가지였습니다. 한시적이나마 에너지 절약을 유도하고 침체된 소비를 살리겠다는 취지였죠.

최고 효율 등급을 받은 가전제품이 대상인데 이상한 점이 눈에 띄었습니다. 전기밥솥과 공기청정기, 김치냉장고, 제습기, 냉온수기, 냉장고 등은 모두 '1등급'만 해당한다고 안내했으나 소비자들이 가장 많이 찾는 스탠드형 에어컨의 경우 '1~3등급'으로 명시됐기 때문입니다.

정부가 스탠드형 에어컨에만 굳이 낮은 효율 기준을 적용한 이유는 간단합니다. 전 세계 어디에도 우리나라 기준의 전력 효율 1·2등급 제품은 없기 때문이죠. 현재로선 3등급이 최고 효율 등급이란 의미입니다.

그럼 왜 이렇게 됐을까요. 사실 2018년 9월 이전만 해도 1등급 에어컨이 시장에 상당히 많았습니다. 효율 기준이 바뀐 건 같은 해 10월부터였습니다. '에너지 효율 등급제의 변별력을 높이고 제조사 간 에너지 절감 및 기술 개발을 유도하기 위해서'였습니다.

부작용은 엉뚱한 곳에서 터졌습니다. 갑자기 '1등급 에어컨'이 시장에서 아예 자취를 감춘 겁니다. 에어컨의 효율성이 나빠진 게 아니라 단지 기준이 달라진 게 이유입니다. 1등급을 전체 제품 중 최소 10~20퍼센트 유지하려고 했던 정부 계획과 달리 시장에서 없어져 버린 기현상이 생긴 겁니다.

가전업계 관계자는 "삼성전자, LG전자 등 국내 에어컨 제조사 기술이 세계 최고란 점에서 국내 최고의 제품은 세계 최고 효율을 갖췄다는 의미"라며 "국내 기술로도 에어컨 1~2등급 기준을 맞출 수 없고 몇 년이 지나더라도 불가능할 것"이라고 단언했

위기의 대한민국을 논하다

습니다.

정부 역시 에어컨의 효율 기준이 잘못됐다는 점을 알고 있습니다. 정부 관계자는 "2018년 에어컨 효율 등급을 조정하는 과정에서 시험 검증 방법이 잘못됐다는 점을 뒤늦게 파악했다"며 "제조업체들이 새 효율 기준을 단시간 내 맞출 수 없기 때문에 표준 재조정 작업을 진행 중"이라고 했습니다.

당국이 사전에 면밀한 시장 분석도 없이 덜컥 제도부터 바꾸면서 시장 혼란이 초래됐다는 걸 인정하고 시정하기로 결정한 겁니다. 언론 보도 전까지 막강한 규제 권한을 갖고 있는 부처에 문제를 제기한 곳은 없었습니다.

●　　　　**한국에선 왜 슈뢰더·마크롱 안 나오나**

게르하르트 슈뢰더 전 독일 총리는 한국과의 인연이 유독 깊습니다. 한국을 자주 찾아 여러 정치적 조언을 내놓고 있지요. 2018년 한국인 통역사인 김소연 씨와 결혼해 화제를 모으기도 했습니다.

김대중 정부 시절 우리나라 경제를 이끌었던 진념 전 부총리 겸 재정경제부 장관은 "슈뢰더 전 총리는 2003년 정권을 뺏길 수 있다는 걸 알면서 사회 경제 전반을 개혁하는 '아젠다 2010'을 추진했다. 표를 좇는 정치꾼이었다면 이렇게 하지 못했을 것이다. 지금 독일 경제가 건강하게 유지되는 것도 슈뢰더와 같은 정치인들 덕분이다"라고 평가했습니다.

슈뢰더 전 총리가 정권의 명운을 걸고 추진했던 '하르츠 개혁'은 노동의 유연성을 높여 독일 경제를 살렸습니다. 노조 우려와 달리 결과적으로 투자와 고용이 급증했습니다. 다만 슈뢰더 전 총리는 자신이 예상했듯 당시 총선에서는 패배했습니다.

슈뢰더 전 총리는 한국을 방문한 자리에서 청와대와 여당을 향해 "정권을 잃을 수 있다는 리스크를 감수할 정도로 혁신적인 사고의 전환을 해야 한다"고 조언했습니다. 그는 "포괄적 개혁을 하다 보면 의석을 잃을 수 있다는 두려움을 느낄 수 있지만 그런 위험을 감수해야 한다"고 덧붙였습니다.

프랑스에선 에마뉘엘 마크롱 대통령의 연금 개혁이 큰 관심을 모읍니다. 마크롱 대통령은 "현행 연금 체제로는 안정적인 사회 보장을 유지하는 게 불가능한 만큼 '더 내고 덜 받는' 개혁이 불가피하다"며 정면 돌파를 시도했습니다. 그러면서 자신이 퇴직 후 받게 될 연간 3억 원 정도의 각종 연금 혜택을 포기하겠다고 선언했습니다.

프랑스에서 연금 개혁에 나선 것은 매우 오랜만입니다. 1995년에 자크 시라크 전 대통령이 비슷한 시도를 했지만 노조 등 반발에 부딪혀 접어야 했습니다. 당시 개혁하지 못한 연금 제도는 지금 세대에 커다란 짐이 되고 있습니다.

연금 개혁에 대한 마크롱 대통령의 의지는 확고합니다. "국가 미래를 위해 개혁을 멈추지 않겠다"고 강조하고 있습니다. 다만 마크롱 대통령의 지지율 하락은 불가피할 듯합니다. 원래 더 주기로 했던 걸 줄이면 적지 않은 반발을 불러오게 되지요. 개혁엔 언제나 고통이 따릅니다.

우리나라의 연금 제도는 프랑스나 독일보다 심각합니다. 저출산 고령화 속도가 이들 국가와 비교할 수 없을 정도로 빠르기 때문이죠. 국민연금연구원에 따르면 현행 제도를 그대로 유지할 경우 지금의 젊은 층(미래 세대)이 짊어져야 할 보험료는 현행 대비 3배 이상으로 높아질 것으로 분석됐습니다.

인구 구조 악화에 따라 국민연금은 2042년 적자로 돌아서고, 2057년 바닥을 드러낼 것이란 예상입니다. 지금 개편을 서두르지 않으면 미래 세대는 월급의 절반을 연금 보험료로 납부해 노인을 부양해야 할 것으로 계산됐습니다.

우리나라에서도 연금 개혁 시도가 없었던 건 아닙니다. 정부가 2018년 보험료율 인상 등을 골자로 한 '국민연금 종합 운영 계획'을 내놓았지만 문재인 대통령은 "국민 눈높이에 맞지 않는다"며 퇴짜를 놨습니다. 청와대와 정부, 국회는 서로에게 책임을 떠넘기고 있지요.

국민연금은 우리 국민의 노후를 책임져 줄 '마지막 보루'입니다. 누군가 앞장 서 개혁하지 않으면 미래 세대가 눈덩이처럼 불어나는 부담을 평생 져야 합니다. 개혁을 늦출수록 기성세대가 그만큼 이익을 보는 구조입니다.

우리나라에선 당장 손해를 보더라도 국가 장래를 위해 '꼭 필요한 일'을 하겠다는 정치인이 왜 나오지 않을까요.

집권당 쌈짓돈 전락한 5조 전력산업기금　●

교육부 대학설립심사위원회가 화상 회의를 열어 논란이 지속됐던 한전공대 법인 설립을 인가했습니다. 한전공대는 전남 나주에 들어서는 이공계 특성화 대학으로, 문재인 대통령의 대선 공약이었습니다. 나주시 인근 GIST(광주)는 물론 KAIST(대전), 포스텍(포항), DGIST(대구), UNIST(울산) 등 전국적으로 특성화 대학이 많은 데다 종합 대학 에너지 전공자도 남아돈다는 점에서 선거용 아니냐는 비판이 적지 않았습니다.

한전공대를 설립하는 데는 막대한 재원이 필요합니다. 2022년으로 예정된 개교 준비 비용으로 5,202억 원, 특화연구소 확장 비용까지 합치면 2031년까지 1조 6,112억 원이 소요될 것이란 게 한국전력공사 측 추산입니다. 한국전력공사가 탈원전 정책 등 영향으로 대규모 적자 수렁에 빠진 만큼 전력산업기반기금을 활용하는 방안이 검토되고 있습니다.

전력기금은 '전력 산업의 기반 조성 및 지속적 발전에 필요한 재원 확보'를 목적으로, 매달 국민·기업이 납부하는 전기 요금에서 3.7퍼센트씩 떼어 별도로 적립하는 돈입니다. 전기사업법

위기의 대한민국을 논하다

을 근거로 모든 국민이 자신도 모르게 내고 있습니다. 이 돈을 한전공대 설립에 투입하겠다는 겁니다. 설립의 당위성뿐만 아니라 일부 지역에 국한된 사업에 전 국민이 내는 전기 요금을 쓴다는 점에서, 논란이 끊이지 않았습니다.

전력기금엔 여유 자금이 많이 쌓여 있는 게 사실입니다. 그동안 과도하게 적립했기 때문입니다. 2019년 말 기준 전력기금 여유 재원은 5조 2,217억 원으로 2,442억 원이었던 2009년 대비 약 22배 증가했습니다. 현재의 요율(전기 요금의 3.7퍼센트)을 유지할 경우 여유 재원은 2023년 5조 6,923억 원까지 불어날 전망입니다.

전력기금 여유 재원을 한전공대 설립 등 '엉뚱한' 곳에 쓸 게 아니라 전기기금 요율 자체를 낮춰야 한다는 목소리가 전문가 및 산업계에서 나오고 있습니다. 산업계는 정부 측에 "코로나19 사태 및 경기 침체로 벼랑 끝에 놓인 제조업계를 위해 전력기금 요율을 인하해 달라"는 청원까지 제출했습니다. 실제 전기사업법 제51조 6항에 따르면 산업부 장관은 전력기금 부담이 축소되도록 노력하고 필요한 조치를 해야 한다고 명시돼 있습니다.

과거 전력기금 요율을 낮춘 적도 있었습니다. 2005년 전기 요금의 4.591퍼센트였던 전력기금 요율은 2006년부터 현행 3.7퍼센트로 인하됐지요. 국민 부담을 덜어주려는 조치였습니다. 이후 10여 년 동안 요율 변화가 없었던 겁니다. 이런 점을 근거로 기획재정부가 '2017년 기금존치평가보고서'에서, 감사원이

'2019년 감사보고서'에서 각각 전력기금 요율을 낮출 필요가 있다고 적시했으나 반영되지 않았습니다.

전기 요금은 모든 소비자에게 적지 않은 부담을 주는 공과금입니다. 산업계엔 기초 경쟁력과 생존을 좌우하는 요인이 되기도 합니다. 철강업체인 현대제철만 해도 1년에 납부하는 전기 요금이 1조 2,000여억 원에 달합니다. 전력기금 요율을 단 0.1퍼센트포인트라도 낮추면 글로벌 경쟁 구도에서 도움을 받을 수 있습니다.

정부는 그동안 득표에 도움이 되는 주택용 전기 요금을 억제하는 데 신경을 써왔습니다. 하지만 전체 전기 요금 사용량의 55.6퍼센트(2019년 기준)를 차지하는 산업용 요금은 지속적으로 올려왔습니다. 2002년 이후 산업용 전기 요금은 약 81퍼센트 상승한 반면 주택용은 4퍼센트 인하됐습니다. 오히려 산업용 요금을 추가 인상하는 방안까지 검토하고 있습니다.

국내 기업들이 납부하는 산업용 전기 요금은 2019년 사상 처음으로 주택용보다 높아졌습니다. 주택용 요금은 킬로와트시당 105.0원이었는데 산업용은 이보다 높은 킬로와트시당 106.6원이었습니다.

독일 프라운호퍼 연구보고서에 따르면, 탈원전 정책 추진 후 전기 요금이 급등한 독일에서도 '특별 균등화 제도'를 도입해 자국 내 주력 제조업체에 대한 전기 요금을 감면해주고 있습니다. 자국 기업들이 수출 경쟁력을 유지해야 더 많은 일자리를 창출

위기의 대한민국을 논하다

하고 세금을 더 낼 수 있다고 판단한 겁니다. 유럽연합(EU) 집행위원회 역시 독일 정부의 기업에 대한 전기 요금 특별 감면이 "보조금 부당 지원이 아니다"라고 결론 내렸습니다.

5조 원 넘게 쌓여 있어 오히려 '쓸 곳'을 찾고 있는 전력산업기반기금. 지금은 요율을 낮춰 국민·기업 부담을 덜어주는 방법을 고민해야 할 때입니다.

한전공대 설립보다 민생이 더 급합니다.

Ⅱ

경기 · 정책

1
갈팡질팡하는
조세 제도

상속받고도 세금 내는 국민이 2퍼센트뿐이라고?　　●

국세청 고위관계자가 사석에서 퀴즈를 하나 냈습니다.

　"부모님 등이 작고하면서 유산을 남기면 당연히 상속세를 내야겠죠. 그럼 실제로 이 세금을 내는 사람은 얼마나 될까요?"

　답은 의외였습니다.

　"2퍼센트 정도밖에 안 됩니다."

　아주 예외적인 경우가 아니라면 사망 후 조금이라도 재산을 남기기 마련인데, 상속세를 낸 사람이 100명 중 2명뿐이라니. '소득 있는 곳에 세금 있다'는 과세의 기본 원칙이 제대로 지켜지지 않고 있는 것일까요.

국세청 홈페이지 내 국세 통계를 들여다봤습니다. 최신 통계가 없어 2016년분을 바탕으로 추산을 했습니다. 당해 전국에서 상속세를 낸 사람은 총 6,217명(정확히 말하면 당해 상속세를 납부한 사실이 있는 피상속인 수)이더군요. 그해 사망자가 28만 827명이었기 때문에 상속세 납세자는 전체의 2.2퍼센트로 계산됩니다. 상속세 납부 비중은 그나마 전년(1.9퍼센트)보다 조금 높아졌습니다.

가장 큰 원인은 상속 공제라는 제도에 있습니다. 일반적으로 상속받은 재산이 10억 원을 넘지 않으면 배우자나 자녀 등 상속인이 세금을 낼 필요가 없습니다. 면세점(免稅點) 이하로 보기 때문이죠. 만약 배우자 혼자 상속을 받는다면 최고 32억 원(기초 공제 2억 원+배우자 공제 30억 원)까지 상속세가 면제됩니다. 물론 피상속인이 이보다 많은 액수를 유산으로 남겼다면 초과 금액에 대해 상속인이 10~50퍼센트(누진세율)의 높은 세금을 내야 하고요.

우리나라에서 상속세를 낸 사람이 한 해 6,000여 명에 불과한 게 사실이지만, 이마저 지역별 편차가 매우 큽니다. 상속세를 내는 사람의 약 65퍼센트는 서울 등 수도권에 몰려 있습니다. 상속세 납부자 비율은 단순히 인구수에 비례하지 않습니다. 예컨대 인구 150만 명의 대전에선 상속세 납세자가 99명(2016년 기준), 146만 명의 광주에선 95명, 118만 명의 울산에선 92명에 불과했지요. 그런데 인구 68만 명의 제주도에선 같은 해 102명이 상속세 신고를 했습니다. 거주민이 훨씬 적은 제주도에서 상대적으로 상속세를 많이 냈던 겁니다. 이는 부동산 가격 차이에서 기인한 측면이 크다고 합니다. 수도권에선 수년간 집값이 많이 올랐고, 제주도에선 땅값이 급등했지요.

　다만 상속세를 내지 않으려고 편법과 불법을 동원하는 일이 적지 않았을 것이란 추정도 가능합니다. 단순히 면세점 이하여서 상속세 납부자가 적다고 하기엔, 납세 비율이 지나치게 낮으니까요. 국세청이 2011년 세금 탈루 현황을 분석해 보니 전체 탈루액 26조 8,000억 원 가운데 상속·증여세 비중이 26.7퍼센트에 달했습니다. 모든 세금을 통틀어 탈세 비중이 가장 높았습니다.

　인간은 불멸의 존재가 아닙니다. 때문에 상속세 이슈는 모든 국민에 영향을 끼치기 마련이지요. 국세청은 이런 상속세 징수를 강화하는 방안에 대해 고심해 왔습니다. 부유층 상속인에 대한 세무 조사를 확대하는 게 대안 중 하나가 될 수 있을 것 같습니다. 상속 공제액을 축소하는 방안도 있지요. 정부가 매년 여름 발표하는 이듬해 세제 개편안은 그래서 항상 관심 사안입니다.

숙박업은 되고 모텔은 안 된다는 국세청　　●

국세청이 자영업자와 소상공인 중 약 570만 명의 세무 조사를 면제하는 내용의 '국세청 판 경제 활성화 대책'을 내놨습니다.

급격한 최저 임금 인상에다 내수 침체까지 겹친 자영업자를 달래기 위해서죠.

일정 규모 이하의 자영업자 및 소상공인에 대해 모든 종류의 세무 검증을 하지 않는다는 게 골자입니다. 이미 세무 조사에 들어갔더라도 자영업자·소상공인들이 원할 경우 조사 시기를 상당 기간 늦추겠다고 했습니다.

다만 세무 조사 면제를 받으려면 연 매출 기준을 충족해야 합니다. 도·소매업은 6억 원, 제조·음식·숙박업은 3억 원, 서비스업은 1억 5,000만 원 등이죠. 이 기준보다 매출이 많다면 '세무 검증 면제 카드'를 쓸 수 없습니다. 소규모 자영업자나 소상공인에게만 혜택을 주겠다는 취지입니다. 유흥 주점과 같은 소비성 서비스업과 부동산 임대업도 이번 지원 대상에서 제외했습니다.

그런데 이 기준 가운데 '숙박업'을 놓고 논란이 일었습니다. 연 매출 3억 원 이하의 숙박업소에 대해선 세무 검증을 배제한다고 했지만 모텔, 호텔, 여관 등을 전부 제외한다는 사실이 뒤늦게 드러났기 때문입니다. 국세청 관계자는 "모텔이나 호텔 여관 등은 모두 소비성 서비스업에 속하는 데다 사회 통념상 지원해주기 어렵다"고 말했습니다. 조세특례제한법과 관광진흥법상 그렇다는 겁니다. 숙박업 중 모텔, 호텔, 여관 등을 제외한다면 도대체 남은 게 뭘까요.

국세청 측은 "콘도, 펜션 등이 있을 수 있지만 개인 사업자가 연 매출 3억 원 이하의 콘도를 운영한다는 건 상상하기 어려운 만큼 일부 펜션만이 이번 지원 대상에 포함될 것 같다"고 했습니다. 숙박업종 지원의 경우 실효성도 없이 생색만 낸 것이란 비판을 피하기 어려워 보입니다.

자영업자 지원 대책을 놓고서 또 다른 논란도 생겼습니다. 소규모 자영업자 등에 대한 세무 조사 자체가 애당초 많지 않았다는 것이죠. 국세청의 조사 여력이 제한적인 만큼 세금 추징액 역시 원래 거의 없었던 것도 사실입니다. 연 매출이 적은 영세 음식점 등을 대상으로 국세청 전문 인력이 투입돼 본격 세무 조사에 착수하는 사례는 극히 드뭅니다.

다만 전국 자영업자 및 소상공인들에게 "당분간 세무 조사를 벌이지 않겠다"고 국세청장이 직접 약속한 것이어서, 심리적 효과는 있을 것 같습니다. 국세청 역시 보도 자료에서 "대다수 자영업자·소상공인이 세금 문제에 대한 걱정 없이 생업에 전념할 수 있도록 하는 사회 심리적 효과가 있을 것"이라고 했습니다. 실질적인 지원 효과는 별로 없겠지만 '위무 효과'는 있을 것이란 고백입니다.

젊은이 100만 명에 뿌린 9,000억… "못 받으면 바보" ●

근로장려금(EITC) 제도가 처음 도입된 건 2006년입니다. 2009

년부터 실제로 지급했고, 2015년부터는 지급 대상이 종전의 근로소득자에서 자영업자로 확대됐습니다.

근로장려금은 대부분의 전문가가 반기는 제도입니다. 단순히 돈을 뿌리는 게 아니라 근로소득 금액을 기준으로 장려금을 산정하기 때문에 '일하는 복지'의 기본 틀이 될 수 있습니다. 미국, 영국, 프랑스 등 상당수 선진국이 오래전부터 시행해 온 배경입니다.

그런데 근로장려금 집행 실적을 보면 우려스러운 부분이 적지 않습니다. 지급 대상과 금액이 지나치게 빠른 속도로 늘고 있기 때문이죠. 근로장려금은 2016년까지만 해도 연간 기준 230만 가구에 1조 원 안팎으로 지급돼 왔습니다. 2019년엔 473만 가구에 5조 300억 원이 실제 지급됐는데, 2017년 이후 갑자기 늘었습니다.

원인은 지급 대상 확대에 있습니다. 2017년 근로장려금을 받을 수 있는 단독 가구의 연령 기준이 종전 만 50세 이상에서 40세 이상으로 낮춰졌습니다. 2018년엔 이 기준이 다시 30세 이상으로 하향 조정됐고, 2019년에는 아예 폐지됐습니다.

동시에 소득·재산 기준치를 높여 대상자를 대폭 확대했습니다. 나이가 어리더라도 재산이 2억 원을 밑돌거나, 연 소득이 3,600만 원(맞벌이 가구 기준)을 밑돌면 최대 300만 원을 받을 수 있습니다. 이는 자녀 수가 근로장려금의 절대 금액을 좌우하는 미국과 시스템적으로 차이 나는 부분입니다.

2018년만 해도 3만 가구(288억 원)에 불과했던 근로장려금은, 2019년에는 20대 107만 가구가 총 9,323억 원의 근로장려금을 수령한 것으로 집계됐습니다. 근로장려금을 받은 '혼자 사는 20대'는 103만 명에 달했고, 총 8,702억 원을 수령했습니다. 2019년 근로장려금을 받은 가구 중에서 20대 이하의 젊은 층이 차지하는 비중은 30퍼센트에 가까운 27.6퍼센트에 달했습니다. 이것은 13.3퍼센트를 받은 30대, 16.3퍼센트를 받은 40대, 18.5퍼센트를 받은 50대 등 다른 연령대와 비교해 압도적입니다.

우리나라의 2,000만 가구 중 4분의 1이 갑자기 근로장려금을 받게 되면서 '근로자가 더 열심히 일하도록 독려하는' 근로 유인 효과가 약해졌다는 지적이 나옵니다. 대신 정부는 "소득 재분배 효과가 크게 높아졌다"는 점을 강조하고 있지요.

국세청 자료를 보면 "근로장려금 확대로 소득 불평등 완화 효과가 2~3배 강화됐다"는 평가가 등장합니다. 또 "가계동향조사 결과 1분위(저소득층) 소득이 증가하는 등 소득·분배 여건이 확연히 개선됐다"고도 했습니다.

요즘 젊은 층 사이에선 "근로장려금을 받지 못하면 바보"라는 이야기가 돕니다. 대학생들이 편의점 등에서 단기 아르바이트를 하면서도 근로장려금을 신청해 손쉽게 혈세를 가져가는 게 대표적인 편법 사례입니다.

국내 한 경제학자는 "근로장려금은 꼭 필요한 제도이지만 규모가 갑자기 너무 커지고 있는 데다 사실상 무차별적으로 지급

위기의 대한민국을 논하다

하는 게 문제"라며 "20대 이하의 경우 근로장려금을 확대하기보다 교육이나 훈련 프로그램을 늘리는 게 바람직하다"고 조언했습니다.

●   기름이 뭐길래… 운이 없거나 실력이 없거나

한국은행은 드물지만 '흑역사'를 갖고 있습니다. 2008년 글로벌 중앙은행들이 경기 하강을 예상하고 일제히 기준 금리를 낮췄을 때, 한국은행만 같은 해 8월 혼자만 금리를 올렸습니다. 9월에 리먼 브라더스 사태마저 터지자 한국은행은 10월부터 이듬해 2월까지 총 5차례에 걸쳐 금리를 낮춰야 했습니다. 유례없이 빠른 속도였지요. 한국은행 금융통화위원회의 실력에 의문이 생겼습니다.

한국은행은 2017년 11월과 2018년 11월에도 금리를 올렸습니다. '우리 경제의 정점이 2017년 9월이었다'는 통계청의 공식 진단이 나오자, 한국은행의 금리 인상이 모두 경기 하강기에 진행됐다는 점이 확인됐습니다. 경기 둔화 땐 금리를 낮춰 투자와 소비를 진작하는 게 경제 운용의 기본인데, 부동산 잡기에만 몰두하면서 엉뚱한 처방을 내놓았다는 비판이 쏟아졌습니다.

요즘은 한국은행보다 정부의 헛발질을 질타하는 목소리가 거셉니다. 대표적인 사례가 유류세 인하 정책입니다. 정부는 2018

년 10월 관계 장관 회의를 열어 유류세 15퍼센트 인하 결정을 내렸습니다. "유가 상승과 내수 부진으로 어려움을 겪는 서민층을 지원하겠다"는 취지였지요. 정부가 기름값에 붙는 세금을 한시적이나마 깎아준 건 2008년 금융 위기 이후 10년 만이었습니다.

타이밍이 좋지 않았습니다. 유류세를 실제 인하한 2018년 11월 6일은 국제 유가가 이미 정점(10월 3일, 서부텍사스유 기준 배럴당 76.41원)을 지나 하락하던 때였습니다. 국제 유가는 같은 해 12월 24일 배럴당 42.53원까지 떨어졌습니다. 이후에도 유가는 배럴당 40~50달러 선으로 안정세를 보였고요. 유가 급락 덕분에 굳이 유류세를 낮추지 않아도 됐던 시점이었다는 겁니다. 세수만 펑크가 났지요.

더 큰 문제는 유류세 인하가 종료된 2019년 9월입니다. 국제 유가가 갑자기 치솟기 시작했습니다. 설상가상 사우디아라비아 원유 정제 시설이 테러 단체의 피격을 받으면서 배럴당 70달러를 다시 돌파했습니다. 국내 수입된 기름값도 덩달아 뛰었고요.

경기 하강에 따른 소비 침체 기조가 전년 대비 훨씬 심각한 상황까지 겹쳤습니다. 국제 유가 상승에다 유류세 환원 조치까지 겹치면서, 내수 침체를 가속화할 것이란 우려가 팽배했습니다. 법인세, 양도소득세, 부가 가치세 등 세수가 꺾였기 때문에 정부가 또다시 유류세 인하 카드를 꺼내는 것도 불가능했습니다. 과거 한국은행의 '거꾸로 금리 인상' 때처럼, 정부가 운이 없거나 실력이 부족하다는 말을 들어도 할 말이 없게 됐습니다.

위기의 대한민국을 논하다

● 주택 공급 부족하다는데 세금만 올리나

문재인 정부가 2개월에 한 번꼴로 부동산 대책을 내놓고 있습니다. 서울 및 수도권 아파트값이 수차례 급등했기 때문입니다. 집값 상승률은 '단군 이래 최고'를 기록했다는 노무현 정부를 이미 추월했습니다. 노무현 정부 때도 수시로 대책을 내놨지만 5년 집권 기간 동안 총 17번을 발표했을 뿐입니다. 새 정부의 정책이 시장 신뢰를 잃으면서 "통제 불능이 됐다"는 이야기도 나옵니다. 경제 성장률이 노 정부 때의 절반 이하로 뚝 떨어졌는데도 부동산 수요가 오히려 높아지는 건 이례적입니다.

부동산 대책은 사회주의 체제에서도 잘 쓰지 않는 '거래 허가제'까지 망라됐습니다. 새 아파트 분양가를 임의로 낮추고 대출을 받지 못하게 합니다. 주택 소유자의 세금을 대폭 올리는 한편 집을 매각하면 차익을 환수하지요. 부동산을 매입하면 자금 출처도 샅샅이 조사합니다. 모든 초점이 매수 심리(수요)를 통제하는 데 맞춰져 있습니다.

특히 고가 주택이 표적이 되어 종합부동산세율을 수차례 올렸습니다. 우리나라 종합부동산세는 좀 특이합니다. 전 세계적으로 재산세는 지방세(각 지역의 주택 소유자에게 부과해 해당 지역에 사용하는 세금)인 데 반해 우리나라 종합부동산세는 국세입니다. 특정 지역에서 세금을 거둔 뒤 다른 지역으로 내려보낸다는 의미입니다.

세율이 특히 높은 점도 다릅니다. 우선 한국의 재산세율은 0.1~0.4퍼센트인데, 여기에 종합부동산세율이 추가로 최고 3~4퍼센트(누진 과세 방식)까지 붙습니다.

대부분의 선진국엔 종합부동산세가 없습니다. 모든 주택 소유자에게 재산세를 매길 뿐이지요. 미국에서 재산세율이 가장 높은 곳은 뉴욕·뉴저지입니다. 중간값(median property tax)이 1.89퍼센트에 달합니다. 반면 앨라배마나 루이지애나 등에선 재산세율이 0.2~0.3퍼센트로 낮습니다. 집값이 높기로 유명한 캘리포니아 재산세는 0.74퍼센트이고요.

평균적으로 미국의 재산세 부담이 우리보다 높은 건 사실이지만 취득세 및 양도세가 매우 적거나 없다는 점을 고려해야 합니다. 또 미국 일부 주에선 처음 구입 가격에 맞춰 재산세를 매기거나, 연평균 인상률을 2퍼센트 내로 묶기도 합니다.

유럽 역시 재산세율이 천차만별입니다. 프랑스(1.70퍼센트), 영국(2.53퍼센트) 등은 높지만 독일(0.32퍼센트), 스위스(0.11퍼센트), 오스트리아(0.13퍼센트) 등은 낮습니다. 룩셈부르크의 경우 0.05퍼센트로 재산세를 거의 부과하지 않습니다. 뉴욕이나 영국을 예로 들어 "외국 보유세율은 우리보다 훨씬 높다"고 주장하는 건 맞지 않습니다. 높은 곳도 있고 낮은 곳도 있습니다.

정부가 각종 부동산 대책에서도 결정적으로 빼먹고 있는 게 있습니다. 바로 공급 확대 정책입니다. 사실 집이 남아돈다면 이런 대책을 내놓을 필요가 있을까요.

정부는 우리나라 주택 보급률이 10여 년 전인 2008년에 이미 100퍼센트를 넘었다고 강조합니다. 현재 103퍼센트(전국 평균 기준) 수준이니 거짓은 아닙니다. 그러나 경북(112퍼센트), 전남(111퍼센트), 충남(111퍼센트) 등에서 집이 남아돌 뿐입니다. 거주 선호도가 가장 높은 서울은 96퍼센트, 경기도는 98퍼센트로 둘 다 100퍼센트를 밑돕니다. 주택이 필요한 곳은 서울인데 강원도에 집을 많이 지어봤자 별 소용이 없단 이야기입니다. 더구나 서울 핵심 지역엔 노후 주택이 많습니다.

부동산은 엄연히 자산입니다. 시장 경제 원리에 따라 수요가 늘고 공급이 줄면 가격이 오릅니다. 한쪽만 기대선 원하는 결과를 얻을 수 없습니다. 17번에 달했던 노무현 정부의 부동산 정책은 그래서 실패했습니다.

● 세금 공화국 비판받는 증세 일변도 정책

정부는 '꼬마 빌딩' 등 소규모 비(非)주거용 부동산의 상속·증여세를 산정할 때도 시장 가격대로 평가하는 정책을 도입했습니다. 종전엔 부동산 시가를 따지기 어려울 때 실제 가격보다 훨씬 낮은 공시 가격을 적용했지요. 과세 형평성을 높이기 위한 조치라는 설명입니다.

정부는 종합부동산세율도 지속적으로 상향 조정해 왔습니다.

주택을 한 채만 갖고 있더라도 비싼 집에 거주하면 매년 수천만 원의 보유세를 내야 합니다. 또 10년 이상 장기 보유하더라도 차익의 상당 부분을 세금으로 납부해야 하지요. 장기보유특별공제 조건을 엄격하게 적용하기로 했기 때문입니다. 여세를 몰아 보유세를 매기는 기준인 주택 공시 가격도 꾸준히 올리고 있습니다. 주택 거래가 확 줄었는데도 정부가 걷는 보유세수가 많이 늘어날 것으로 예상되는 배경입니다.

새 정부는 출범 직후 법인세율을 인상했고 종교인 과세를 시작했습니다. 액상형 전자 담배의 세율을 높였고 비트코인과 같은 가상화폐의 양도 차익, 국내 주식에 대한 양도 차익에 대해서도 세금을 물릴 계획이죠. 표면상 모두 과세 형평성 제고를 위한 조치입니다.

1,850만여 명에 달하는 근로소득자들의 연말정산 혜택은 갈수록 줄고 있습니다. 만 7세 미만 자녀에 대한 세액 공제가 사라졌고, 실손보험금 수령 땐 의료비 세액 공제가 불가능해졌습니다. 2020년 연말정산 후 유독 세금을 토해내는 근로자가 많았던 이유입니다.

각종 조세 부담이 알게 모르게 확대되면서 국민이 쓸 수 있는 실질 가처분 소득이 늘지 않고 있습니다. 물가 상승이나 호봉 승급 등에 따라 어떤 식으로든 임금이 오르는 경우가 더 많은데 국민이 실제 쓸 수 있는 돈은 제자리걸음이란 점이 쉽게 납득되지 않습니다.

위기의 대한민국을 논하다

국회 예산정책처에 따르면 2018년 국민 부담률은 26.8퍼센트로, 전년 대비 1.4퍼센트포인트 올랐습니다. 국민 부담률은 세금과 사회 보장 기여금(4대 보험)을 국내 총생산(GDP)으로 나눈 값입니다. 조세 및 준조세를 합한 국민의 부담률이 매우 빠른 속도로 상승하고 있는 겁니다.

정부가 수차례에 걸쳐 '증세 카드'를 꺼내고 있지만 감세는 논의조차 하지 않고 있습니다. 경제에 활력을 불어넣기 위해 잇따라 감세에 나서는 미국, 영국, 일본, 중국, 독일 등 경쟁국들과는 다른 행보입니다.

2014~2019년 사이 법인세율을 내린 OECD 회원국은 16개국에 달했지만 한국, 그리스 등 일부 국가만 정반대로 세율을 올렸습니다.

정부가 줄줄이 올린 세금을 부진한 경제를 살리는 데 쓰지 않는 점도 우려할 대목입니다. 경제 석학으로 꼽히는 김광두 전 국가미래연구원장은 "정부가 재정승수, 지출의 효율성에 유념하지 않고 세금을 일시적 경기 부양과 과감한 복지 지출 증대 등 임시 방편용으로 활용하고 있다"고 쓴소리를 내놨습니다. 지금과 같은 재정 운용 행태는 적자를 누적적으로 심화시켜 젊은 세대에게 감당하기 어려운 미래 부담을 안겨주게 될 것이라는 경고입니다.

전문 지식 동원해 탈세 부추기는 세무사들 ●

세무사 업계가 한때 크게 술렁였습니다. 국세청이 '가족'으로 알고 있던 세무사들을 정조준했기 때문입니다. 일부 세무사들이 세법 지식과 인맥 관리를 통해 지능적인 세금 탈루에 나서거나, 편법을 일삼는 기업 혹은 개인에게 조력을 제공하고 있다는 게 국세청의 인식입니다.

국세청이 예고 없이 발표했던 '편법·지능적 탈세 혐의자 집중 조사' 대상자엔 고위 공직자로 퇴직한 뒤 막대한 수입을 올리면서 세금을 제대로 내지 않은 세무사가 여러 명 포함됐습니다. 국세청은 "유령 회사를 설립한 뒤 허위 세금계산서를 집중 발행하는 방법으로 경비를 부풀려 수십억 원의 세금을 포탈한 전문직도 적발했다"고 설명했습니다. 탈세 혐의자 본인뿐만 아니라 가족 등 관계자의 재산 형성 과정까지 들여다본 뒤 포탈 세금을 추징하는 한편 검찰 고발도 적극 진행한다는 게 국세청의 방침입니다. 국세청 관계자는 "전관예우를 바라는 국세청 출신 세무사에 대해선 앞으로도 중단 없이 조사할 것"이라고 말했습니다.

국세청은 서울 강남권의 세무법인 두 곳에 요원들을 보내 비정기 세무 조사에 착수했습니다. 두 곳 모두 국세청 고위 간부 출신들이 설립한 곳입니다. 한 곳은 몇 년 전까지 본청 조사국장을 지냈던 인물이, 다른 한 곳은 서울청 조사4국장을 지낸 뒤 대전청장까지 올랐던 인물이 각각 설립했습니다.

위기의 대한민국을 논하다

본청 조사국은 기획조사 업무 계획을 짜는 최고 요직입니다. 서울청 조사4국 역시 과거 '특별 세무 조사'로 불렸던 비정기 세무 조사를 담당하는 핵심으로 꼽힙니다. 전국 2만여 명에 달하는 세무 공무원들 사이에서 가장 힘이 센 '저승사자' 조직의 수장들이었던 셈입니다.

전관 특혜 세무사를 겨냥한 국세청 세무 조사는 여러 번 예고됐습니다. 국세청장이 공개적으로 "전관예우 방지를 위한 내부 관리를 더욱 철저히 하겠다"고 강조해 왔기 때문입니다.

국세청이 전관 특혜를 타깃으로 삼은 것은 일부 세무사들의 행태가 도를 넘었다는 판단 때문입니다. 국세청 직원들은 다른 공무원과 달리 이미 상당한 혜택을 받고 있습니다. 2001년 이전에 입사한 직원 중 사무관급 이상으로 5년 넘게 근무한 경력만 있으면 퇴직 후 세무사 자격을 자동으로 받을 수 있기 때문이죠. 비정기 세무 조사를 받게 된 기업이나 자산가들이 허둥지둥 전관 세무사를 많이 찾으면서, 국세청 출신 세무사들의 몸값이 많이 뛰었습니다.

전문 지식과 인맥으로 무장한 전관 세무사들이 기업들을 부추겨 과거 납부했던 세금을 돌려받도록 경정청구(과오납 세금을 돌려 달라는 요청) 소송을 유도하거나, 자신들이 벌어들인 소득을 편법으로 꼭꼭 숨기는 일이 비일비재하다는 지적도 끊이지 않았습니다. 국세청은 급증세를 타고 있는 과세 불복 소송이 국세청 출신 세무사들과 무관치 않은 것으로 보고 있지요. 실제로 김앤

장 등 대형 로펌엔 국세청 고위직 출신이 적지 않습니다.

전관 세무사들은 과거에도 여러 차례 구설에 올랐습니다. 2018년엔 한 건에 1억 원 넘는 세무 대리 수수료를 받은 국세청 출신 세무사가 징역형을 선고받았습니다. 비자금 조성 의혹을 받던 철강·건설업자에게서 세금 감면 및 세무 조사 무마 청탁을 받았다는 게 판결의 요지였습니다. 세무 대리 수수료로 억대를 받는 건 정상적이지 않습니다.

일탈 행위를 일삼는 선배들을 겨냥해 칼을 뽑아 든 국세청. 칼 끝이 무뎌지지 않기를 바랍니다.

위기의 대한민국을 논하다

2

도마 위에 오른
경제 정책

● **성장률 저하에도 '정부 방패' 자처한 연구소**

한국은행은 우리 경제 성장률 전망치를 지속적으로 하향 조정해 왔습니다. 실업률 상승 등 경기 하강 요인이 쌓이고 있다는 이유에서입니다. 미·중 무역 분쟁 확대로 대외 불확실성이 어느 때보다 높은 데다 코로나19 사태까지 겹쳤습니다.

정부(기획재정부)를 제외하고 우리나라 성장률을 좋게 보는 곳은 거의 없었습니다. 대부분의 경제연구소는 일찍부터 객관적 시각을 반영해 성장률을 적극 조정하고 나섰습니다. 2018년을 예로 들어 볼까요. 대부분의 연구소들이 정부 목표인 3.0퍼센트 달성은 불가능하다고 봤습니다. 당시 국책·민간 연구소인 LG경제연구원(2.8퍼센트), 한국경제연구원(2.8퍼센트), 현대경제연구원(2.8퍼센트), 한국금융연구원(2.8퍼센트), 한국개발연구원(2.9퍼센트), 골드만삭스(2.9퍼센트) 등은 줄줄이 전망치를 낮췄습니다.

한 곳만 예외였습니다. 바로 산업연구원입니다. 산업연구원은 "성장률 3.0퍼센트 달성이 가능하다"는 입장을 끝까지 바꾸지 않았습니다. 또 "소득 여건 개선에 따른 소비 및 정부 지출 확대에 힘입어 경제 성장을 지지할 수 있을 것"이라고 낙관론을 폈습니다.

정부 내 경제 부처에서도 "최저 임금의 급격한 인상이 고용 부진을 초래했다"는 자기반성이 나오는 마당에, 소득 여건 개선이 성장률 지지의 배경이 될 것이라고 분석한 겁니다. 당해 성장률은 산업연구원의 희망과는 달리 2.7퍼센트에 그쳤습니다.

산업연구원은 글로벌 통상 전쟁으로 비화하고 있는 미·중 무역 분쟁에 대해서도, 한국무역협회나 수출 기업들의 체감 진단과는 동떨어진 견해를 보였습니다. 예컨대 미·중 간 500억 달러 규모의 수입품에 25퍼센트 상호 관세가 부과되더라도, 한국의 대중 수출은 0.19퍼센트, 대미 수출은 0.09퍼센트 감소하는 데 그칠 것이라고 예측했지요.

현대경제연구원이나 무역협회가 예상한 200억~300억 달러 규모의 수출 타격 전망과는 큰 차이가 났습니다.

산업연구원은 이례적인 긴급 세미나를 열기도 했습니다. 주제는 〈소득 주도 성장과 남북 경제 협력〉이었습니다. 도무지 어울

위기의 대한민국을 논하다

리지 않는 '소득 주도 성장'과 '남북 경제 협력'을 놓고, 전문가들이 한자리에 모여 토론하는 자리를 마련한 겁니다. 둘 다 문재인 정부가 관심을 기울이는 주제이긴 합니다만….

산업연구원은 산업 및 무역 정책을 수립하는 데 일조하기 위해 1976년 설립된 국가 싱크 탱크입니다. 과학적 근거를 바탕으로 정확한 예측을 내놓아야 할 책무가 있습니다. 때때로 정부에 쓴소리를 마다해선 안 됩니다. 일련의 사례들은 산업연구원의 독립성에 의문을 갖게 합니다.

● 베네수엘라가 우리 경제에 시사하는 점

'마두로 다이어트'라는 말이 있습니다. 베네수엘라의 니콜라스 마두로 대통령이 2013년 집권한 이후 절대 빈곤층이 급증하면서 생긴 용어입니다. 전체 국민의 1인당 평균 몸무게가 1년 만에 10킬로그램 이상 줄었다고 합니다. 어른이나 아이 할 것 없이 쓰레기통을 뒤지면서 썩은 음식이라도 찾는 게 일상이 됐지요.

이 나라 지폐는 휴짓조각이 된 지 오래입니다. 국제통화기금(IMF)이 예상하는 물가 상승률은 한 해 100만 퍼센트에 달합니다. 두 손에 들기 어려울 정도의 지폐 다발을 들고 상가를 찾더라도 빵 한 조각 사기 어렵습니다.

국민들은 생존을 위해 주변 국가로 탈출을 시도하고 있습니다. 한 해 수백만 명이 생존을 위해 고국을 등지고 싶어 합니다. 하지만 주변국 사람들로부터 돌팔매질을 당해 발길을 돌리거나 범죄 표적으로 전락하고 있다고 합니다. 코로나19 사태 후엔 더욱 그렇지요.

세계 최대 산유국으로 손꼽히는 베네수엘라가 어쩌다 이 지경이 됐을까요. 베네수엘라는 원유뿐만 아니라 다른 원자재도 풍부한 나라입니다. 베네수엘라가 남미 최빈국 대열에 들어설 조짐을 보인 건 불과 10년도 되지 않습니다. 마두로 대통령의 취임과 함께였죠. 마두로 대통령은 반미 좌파 포퓰리즘의 대부(代父) 격인 우고 차베스 전 대통령의 적통을 이어받은 인물입니다. 1999년 정권을 거머쥔 차베스는 2013년 갑작스러운 사망 전까지 장기 집권했습니다. 다만 이 기간 중엔 경제가 그다지 나쁘지 않았습니다. 국제 유가가 사상 처음으로 배럴당 120달러를 넘었을 정도로 고공 행진을 벌였기 때문이죠. 산업 혁신이나 경제 개혁은 등한시한 채 마약에 취한 것처럼 고유가의 과실만 따 먹었던 겁니다.

차베스의 열렬한 지지자인 마두로 대통령은 취임 직후부터 무상 교육 및 복지 확대, 주요 산업 국유화 등 전형적인 좌파 정책을 강화했습니다. 하지만 국제 유가가 급락하면서 이전과 상황이 완전히 달라졌습니다. 그의 재임 기간 동안 GDP는 반 토막 났습니다.

마두로 대통령은 자국 내에선 입지전적인 인물로 평가됩니다.

버스 운전사였다가 노조위원장을 거쳐 외무장관까지 역임했으니까요. 하지만 행정뿐만 아니라 경제에 문외한입니다. 평생 정치권을 기웃댔던 터라 언변만 화려할 뿐이지요.

측근을 뺀 대다수 국민을 가난하게 만든 마두로 대통령이 내놓은 해법도 놀랍습니다. 새 돈을 무작정 찍어 내고 최저 임금을 60배 넘게 인상하기로 한 것입니다. 일종의 베네수엘라판 소득 주도 성장 정책입니다. 저소득층이 과거보다 더 많은 현금을 손에 쥐게 됐으나, 그 돈으로 과거보다 훨씬 적은 식료품을 살 수 있을 뿐입니다.

마두로 대통령은 경제 위기를 보수 기득권층과 미국 탓으로 돌렸습니다. 국민에게 화풀이 대상을 만들어준 겁니다. 베네수엘라 경제는 또다시 대혼란에 빠졌습니다.

베네수엘라의 정치·경제 상황은 우리에게 시사하는 점이 적지 않습니다. 정치의 실패가 경제를 얼마나 극단적으로 망쳐놓을 수 있는지 여실히 보여 주고 있어서지요. 반면교사가 되기를 바랍니다.

●   **세종시는 왜 도시 계획의 실패작이 됐나**

세종시에 일정 기간 거주한 사람이라면 몇 가지 궁금증이 일 겁니다. 10년 넘게 개발해 온 계획 신도시이자 사실상의 행정수도인데도 짜임새 있게 설계됐다는 느낌이 들지 않을 것이기 때문이죠.

가장 큰 문제는 도로망입니다. 도시 전체를 관통하는 중심 도로가 편도 2차선(버스 중앙차로 격인 BRT 제외)에 불과합니다. 지금도 출퇴근 시간대엔 수백 미터씩 차량이 꼬리를 물며 곳곳에서 정체가 빚어지고 있습니다.

세종시의 핵심인 행정중심복합도시는 총 50만 명의 거주자를 상정하고 있습니다. 2020년 기준 입주자는 절반을 조금 넘는 정도라는 게 행복도시건설청의 설명입니다. 두 배가량 많은 사람이 추가로 들어올 것이란 이야기입니다. 또 지방 자치 단체인 세종시는 장기적으로 75만 명까지 거주자가 증가할 것으로 보고 있습니다. 거주자가 늘면 출퇴근 시간대 정체가 훨씬 심해질 게 명약관화합니다. 중심부의 가장 큰 도로조차 이렇게 좁은데 이면 도로는 어떨까요. 워낙 좁다 보니 유턴할 곳조차 찾는 게 쉽지 않습니다.

또 다른 문제는 주차장입니다. 대중교통이 불편해 승용차가 넘쳐 나지만 정부 청사는 물론 각 상가 건물조차 차를 댈 곳이 많지 않습니다. 거주 인구가 더 늘면 훨씬 심각한 주차난이 발생할 겁니다. 지금은 정부 청사 인근의 공터마다 전국에서 찾아온 민원인 및 공무원 차량이 빼곡하게 자리 잡고 있지만, 공터들은 속속 새 건물로 변신하고 있지요. 주차난 숨통을 틔워줬던 공터들이 계속 없어지고 있는 겁니다. 한국교통연구원에 따르면 세종시의 주차장 대비 승용차 대수는 전국 주요 시도 중 가장 많습니다.

행복도시건설청 관계자는 "지금도 불법 주차 문제가 심각하다는 건 인지하고 있는데, 도심 내 몇 곳에 주차장이 넓은 복합편의시설을 짓고 있는 만큼 중장기적으로 조금씩 해소될 것"이라고 설명했습니다.

도심에만 50만 명이 거주하는 거대 신도시로 계획했으면서 중심 도로를 좁게 만든 이유에 대해 행복도시건설청 측은 "도시 내부 도로를 넓게 만들면 구획 간 단절 요인이 될 수 있다"며 "도로를 좁게 만든 건 일종의 콘셉트"라고 했습니다. 또 "세종시 설계 단계부터 보행과 자전거, 버스 등의 분담률을 70퍼센트로 설정했다"며 "자가용을 최소화하도록 만든 친환경 도시"라고 덧붙였습니다.

행복도시건설청 설명대로 친환경 도시로 설계한다면, 반드시 전제 조건이 있어야 합니다. 보행로와 자전거 도로를 충분히 확보하는 건 물론 트램(노면 전차), 버스, 전철 등 대중교통 체계를 촘촘하게 마련해야 합니다. 자체 대중교통 체계가 취약한 상태에서 승용차 이용만 억제하는 건 문제입니다. 더구나 외부 민원인이 수시로 드나들 수밖에 없는 정부 부처들은 도심 한가운데 위치하고 있습니다. "세종시 도시 설계는 완전히 실패"라는 전문가들 지적이 나오는 배경입니다. 초기 세종시 설계에 관여했던 외국의 유명 건축가가 수년 후 세종시를 둘러본 뒤 화를 내고 돌아갔다는 이야기가 회자됩니다.

인근 대학의 도시공학과 교수는 "수도권의 대중교통 분담률이 60퍼센트이고 대전만 해도 30퍼센트 정도인데 세종시의 경우 이보다 훨씬 낮은 게 문제의 본질"이라며 "세종시엔 정부 부처를 찾는 외부 승용차들이 집중적으로 유입되고 있는데 이런 통행·주차 수요에 대한 준비가 부족했던 것 같다"고 설명했습니다.

획기적인 대중교통 분담안이 나오지 않는 한 세종시 주민과 민원인들의 불편은 계속될 수밖에 없을 것 같습니다.

성장 추락의 원인을 밖에서만 찾는 정부 ●

문재인 대통령이 예정에 없던 경제 장관 회의를 소집했습니다. 부총리인 기획재정부 장관이 해외 출장 중인 터여서 관심을 모았지요. 경제 부처 수장이 부재중인데도 대통령이 직접 경제 장관들을 불러모으는 건 이례적이기 때문입니다.

대통령은 이 자리에서 "세계 경제가 금융 위기 직후인 2009년 이후 가장 낮은 성장률을 기록 중"이라며 "광역 교통망 조기 착공 등 건설 투자를 확대해 대응해야 한다"고 강조했습니다. 다만 "청년 고용률이 계속 높아지고 있고 상생형 지역 일자리도 전국적으로 확산하고 있다"는 등 낙관적인 시각을 드러내기도 했지요.

위기의 대한민국을 논하다

대통령의 경제 장관 소집 직후 부진한 성적의 GDP 증가율이 공식 발표됐습니다. 일각에선 '성장률 충격'이 예상되자 예방 주사를 놓으려 했던 게 아니냐는 분석을 내놓았습니다. 한국 성장률은 시장 추정치를 잇따라 밑돌았습니다. 저성장·고령화 시대라는 걸 감안해도 잠재 성장률은 물론 세계 평균을 한참 밑도는 건 문제가 있습니다. 2017년 3.1퍼센트였던 성장률이 2018년 2.7퍼센트에 이어 2019년 1퍼센트대로 급전직하한 속도 역시 이례적입니다.

산업화가 본격화된 1960년대 이후 국내 성장률이 2퍼센트 밑으로 추락한 건 단 세 차례밖에 없었습니다. 제2차 석유 파동이 있던 1980년(-1.7퍼센트), 외환 위기가 닥쳤던 1998년(-5.5퍼센트), 금융 위기 직후였던 2009년(0.8퍼센트) 등이었죠. 2019년엔 석유 파동, 외환 위기, 금융 위기 등 커다란 외부 변수가 없었다는 점에서 충격적으로 받아들여졌습니다. 일본처럼 장기 침체를 겪는 게 아니냐는 불안도 나왔지요.

원인은 복합적입니다. 주된 배경은 글로벌 경기 둔화와 함께 국내 소비·투자가 줄어든 게 첫 손에 꼽힙니다. 다만 정부가 경기 부진의 원인에 대해 외부로만 화살을 돌리는 건 문제가 있습니다. 공무원 인건비 등을 제외한 관리 대상 사업 예산(임의로 쓸 수 있는 재정 지출)이 2019년에만 291조 원에 달했기 때문이죠.

기획재정부 장관은 "중국 성장 둔화와 미·중 무역 갈등 확산이 대외 의존도가 높은 한국 등 아시아 국가에 집중적으로 영향을 미쳤다"고 했습니다. 민간 소비가 크게 둔화한 데 대해선 "의류 등 준(準)내구재 소비가 줄었고 특히 여행 등이 감소한 영향이 컸다"고 말했습니다. 여당의 한 의원은 국정 감사 질의 과정에서 "한국은행이 기준 금리를 0.5퍼센트포인트 내렸어야 했는데 0.25퍼센트포인트만 낮췄다"며 금리를 탓하기도 했습니다.

한국은행은 이색적인 원인을 찾아냈습니다. 이 기관의 통계국장은 "여름 날씨가 선선해 의류 구매와 전기 사용이 덜했다. 원전 가동률 하락으로 부가 가치가 낮아진 영향도 있다"고도 했습니다. 여름 날씨가 예년만큼 더웠고, 원전 가동률만 높았다면 성장률이 높았을 것이란 이야기로 들렸습니다.

민간 전문가들은 다른 해석을 내놓습니다. 현대경제연구원은 "2017년 경기가 꺾이고 있을 때 성장에 신경을 써야 했는데 정부는 분배에 치중했다"며 "새로운 성장 동력을 만들지 못한 게 성장률 둔화의 원인"이라고 지적했습니다. 한 경제학자는 "청와대와 정부가 유리한 통계만 아전인수식으로 해석하고 있다. 경제를 걱정하면 가짜 뉴스라고 비난하고, 안 좋은 지표는 외부 요인 탓이라며 책임을 회피한다"고 비판했습니다.

또 다른 경제학과 교수는 "2017년에 3퍼센트대 성장률을 기록했는데 불과 2년 만에 국가 위기 때나 겪던 1퍼센트대 성장률을 경험하고 있다"며 "최저 임금의 급격한 인상과 근로 시간 단축을 비롯한 정부 정책의 궤도를 수정해야 한다"고 직설했습니다. 정부 책임이 적지 않다는 점을 분명히 한 겁니다.

위기의 대한민국을 논하다

원인을 제대로 파악하지 못하거나 고의로 외면하면, 엉뚱한 처방을 내놓게 되겠지요.

● 외국인 투자 지표를 마음대로 갖다 붙이면

여러 언론이 보도했던 〈한국의 2019년 상반기 외국인 투자 37퍼센트 감소… 미·중·일보다 부진〉 기사에 대해 산업통상자원부가 반박 자료를 배포했습니다. "한국의 외국인 직접 투자(FDI)는 오히려 현 정부 들어 크게 증가했다"는 게 골자였습니다.

정부 자료의 제목은 〈국내 FDI 급증〉이었습니다. 청와대가 직접 운영하는 온라인 정책 브리핑에도 이런 내용이 실렸습니다. 얼핏 보면 FDI가 급증하고 있는데 언론들이 잘못된 뉴스를 전한 것처럼 보입니다.

기사를 다시 뜯어 볼까요. 언론 보도의 골자는 '상반기 FDI가 급감했다는 팩트와 연간 기준으로도 크게 감소할 것이란 전망'입니다. 모두 정부의 공식 통계를 바탕으로 작성했습니다. 우리나라의 FDI 규모가 상반기에 전년 대비 37.3퍼센트 줄어든 건 객관적인 수치로 확인됩니다. 미국, 중국, 프랑스, 일본 등 주요국보다 큰 폭으로 떨어졌습니다. 선진국 위주인 주요 20개국(G20)의 FDI 실적은 같은 기간 평균 6.8퍼센트 증가했습니다.

정부로선 이런 보도가 부담이 됐을 겁니다. FDI는 국가의 기업 환경 경쟁력을 보여 주는 대표적인 지표이기 때문이죠. 외국인 기업들이 활발하게 투자하면 일자리 창출 및 기술·서비스 교류 측면에서 매우 유리합니다. 한국 기업들이 베트남에 적극 투자하면서 현지 경제에 활력을 불어넣고 있는 게 좋은 사례입니다. 기업 환경이 열악하면 외국인 기업들이 투자를 꺼리는 게 당연합니다. 오히려 있던 기업마저 떠나기 마련이지요.

그러나 산업부의 반박 자료엔 "전 세계 FDI 감소에도 불구하고 한국의 외국인 직접 투자는 현 정부 들어 크게 증가해 2018년 사상 최대치를 기록했다"고 돼 있습니다. '2019년 상반기 실적이 감소했다'는 내용에 대해 '2018년 실적은 최고였다'면서 반박 자료를 냈던 겁니다. 비교 기간이 엉뚱합니다.

따져 봐야 할 건 또 있습니다. 산업부는 해당 자료에서 '현 정권 출범 후'를 거론하며 정권 홍보에 나섰습니다. 전 정권 시기였던 "2013~2016년의 누적 FDI(각 3분기 기준)는 연평균 130억 달러 수준이었지만 문재인 정부 출범 후 3년간(2017~2019년)은 연평균 154억 달러로 많이 증가했다"고 했습니다. 정부의 공식 자료에서 정권 단위로 경제 지표를 쪼갠 뒤 현 정권의 치적을 강조하는 건 이례적입니다. 공무원의 정치 중립 의무 위반 논란을 자초할 수 있기 때문이죠.

유엔무역개발회의(UNCTAD) 최근 보고서를 보면 한국의 'FDI 실력'은 전 세계에서 20위에 불과합니다. 우리 경제 규모와 비교할 때 훨씬 열위에 있습니다. 역대 최고 실적을 기록했다고 자찬한 2018년에도 베트남은 물론 멕시코, 인도네시아 등에 밀렸습니다. 제조업 강국 도약을 부르짖고 있는 미국과 비교하면 20분의 1 수준입니다. 반면 해외에 직접 투자하는 우리나라 기업들의 투자 규모는 세계 13위를 기록했습니다. 밖으로 빠져나간 투자가 훨씬 많았습니다.

국내 FDI가 위축되고 있는 건 그만큼 기업 환경이 좋지 않다는 방증입니다. 최저 임금의 급격한 인상, 주 52시간 근로제 등 새로운 노동 규제, 화학 물질 등 환경 규제 강화, 법인세율 인상 등이 두루 영향을 미치고 있다는 게 전문가들 분석입니다. 정부가 해야 할 일은 교묘한 자기 합리화가 아니라 기업하기 좋은 환경 구축입니다.

● 경제 '위축' 아니라 '엄중하다'는 정부

한 정부 기관이 아침 일찍 수백 명의 출입 기자에게 배포했던 보도 자료를 오후에 급히 수정하는 일이 있었습니다. 알고 보니 일부 문구만 살짝 고쳤더군요. 보도 자료 수정은 종종 발생합니다만, 숫자나 이름이 틀리지 않았는데도 문구만 조금 수정하는 자료를 내는 건 드문 일입니다.

이 기관이 수정 직전 썼던 표현은 '미·중 무역 협상 등의 영향으로 전반적 경제 심리가 위축되고 있는 어려운 여건 속에서도'

였습니다. 이걸 '미·중 무역 협상 등 대외적 불확실성으로 경제 상황이 엄중한 가운데에서도'로 바꿨습니다. 언뜻 보면 별 차이가 없어 보입니다.

여기서 주목할 점은 두 가지입니다. 처음에 썼던 '미·중 무역 협상 등의 영향으로'란 문구는 대외 통상 환경의 영향뿐만 아니라 국내 정책적 오류를 포괄할 수 있는 중의적 표현입니다. 이것을 '미·중 무역 협상 등 대외적 불확실성으로'로 바꾸면 국내 경기 부진은 오롯이 대외 환경 탓이 되지요. '등' 단어가 어디에 위치하느냐에 따라 달리 표현되는 겁니다.

또 하나는 '경제 심리 위축'이란 용어를 빼고 '경제 상황 엄중'을 넣은 겁니다. 국내 경제 심리가 전반적으로 위축되는 어려운 여건이란 문구 대신 경제 상황이 엄중하다는 모호한 표현으로 대체됐습니다. '엄중하다'의 사전적 의미는 '예사로 여길 수 없다' 정도가 될 것 같습니다.

사소하지만 예민한 문구의 수정은 정부가 처한 상황을 보여주는 단적인 예라고 봐도 무방합니다. 청와대와 정부는 지속적으로 "경제와 고용 상황이 좋다"고 강조해 왔지요. 국민이 체감하는 현실과 동떨어진 인식이란 비판이 많았습니다.

그런 탓인지 당·정·청은 '경제가 엄중하다'는 표현을 많이 사용하고 있습니다. '경제가 위축됐다'거나 '경기가 좋지 않다'는 말은 잘 쓰지 않습니다. '얼마 전까지 경제가 좋다고 하지 않았느냐'는 비판을 피하는 한편 확장적 재정 정책의 근거로 삼으려는 포석입니다.

집권당 대표는 "가장 중요한 것은 예산을 차질 없이 집행하는 것"이라며 "경제 상황이 엄중해 비상한 각오로 임해야 한다"고 했습니다. 청와대 정책실장은 "한국 경제를 둘러싼 대내외 환경이 엄중하다"고 했고, 부총리 겸 기획재정부 장관은 "경제 상황이 엄중하다는 인식하에 할 수 있는 모든 정책 역량을 투입하겠다"고 강조했습니다. 산업통상자원부 장관 역시 "일본 수출 규제 등 글로벌 불확실성이 확대되는 가운데 우리 경제도 엄중한 상황에 놓여 있다"고 평가했지요. 마치 말을 맞춘 듯 비슷한 표현들입니다.

경제 상황이 엄중하지만 어렵지는 않다는 뜻일까요.

● **미래 전망 다 틀렸는데 또 등장한 상저하고**

국책 연구 기관인 산업연구원 연구자들이 정부세종청사 산업통상자원부 기자실을 찾았습니다. 매년 발표하는 〈경제·산업 전망 보고서〉를 별도 설명하기 위해서였죠. 차기 년도 경제가 어떤 흐름을 보일지, 업종별 동향이 어떨지 예측하는 건 어렵지만 꼭 필요한 작업입니다. 주식 투자자뿐만 아니라 일반 국민들의 민생과도 직결되는 문제이기 때문이죠.

설명회 도중 보고서에 숫자가 잘못 기재된 게 발견됐습니다.

수출 전망치가 어떤 항목에선 2.3퍼센트로, 다른 항목에선 2.5퍼센트로 각각 다르게 쓰여 있었습니다. 산업연구원은 "차기 년도 수출 증가율 전망치는 2.5퍼센트가 맞다"고 공식 확인했습니다. 그러면서 "당초 증가율을 2.3퍼센트로 봤는데 다른 변수를 대입해 2.5퍼센트로 상향 조정했다"고 했습니다. 또 다른 관계자는 "원래 수출 증가율을 2.1퍼센트로 예상했는데 몇 번의 조정 과정에서 2.5퍼센트로 높아진 것"이라고 설명했습니다.

즉 수출 증가율 전망치가 '2.1퍼센트→2.3퍼센트→2.5퍼센트'로 단기간 계속 바뀌었다는 겁니다. 수출은 침체 일로를 걷고 있는 우리 경제의 회복 여부를 결정하는 핵심 인자(factor)입니다. 전망치를 상향 조정하는 과정에서 청와대나 정부 입김이 있었는지 묻자 연구원 측은 "그런 건 전혀 없었다"고 부인했습니다.

산업연구원은 2020년도 GDP 증가율을 2.3퍼센트로 예측했습니다. 정부 목표치와 묘하게 숫자가 일치합니다. 골드만삭스, 무디스, 모건스탠리 등 국내외 민간 예측 기관들의 전망치보다 훨씬 높은 수치고요.

산업연구원은 또 1년 전과 똑같이 '상저하고'를 꺼내 들었습니다. 차기 년도 상반기엔 지금과 같은 부진한 흐름이 지속하겠지만 하반기에 개선될 것으로 예상했습니다. 안타깝지만 전년도엔 모든 상황이 정반대였습니다. 경기 침체가 심화했고 계속 수정치를 내놔야 했지요. 상저하고를 기대하며 상반기에 재정을 집중 투입했던 탓에 하반기 예산이 부족해졌습니다.

새 정부 들어 성장 잠재력이 빠르게 약화하고 있는 건 간과할수 없는 문제입니다. IMF에 따르면 세계 경제 성장률은 2017년 3.8퍼센트, 2018년 3.6퍼센트, 2019년 3.0퍼센트로 둔화했습니다. 한국 성장률은 2017년 3.2퍼센트로 세계 성장률과 0.6퍼센트포인트밖에 차이 나지 않았는데, 2018년 2.7퍼센트로 0.9퍼센트포인트, 2019년 2.0퍼센트로 1.0퍼센트포인트 벌어졌습니다. 정부가 강조해 온 '저출산·고령화에 따른 인구 구조 변화' 등을 감안해도 성장 하락 속도가 너무 빠릅니다.

산업연구원엔 100명 가까운 경제학 박사들이 모여 있습니다. 전문가들이 눈치 보지 않고 소신대로 연구하고 양심에 따라 제 목소리를 낼 수 있는 분위기가 조성되길 기대합니다.

● **"잠복근무할 때도 주 52시간제 적용하라니…"**

세녹스를 기억하시나요. 2003년 유행했던 가짜 석유입니다. 친환경 연료라고 광고했는데, 알고 보니 유류세를 내지 않는 첨가제였습니다. 유사 석유의 불법 유통은 여전합니다. 이런 가짜 석유를 집중적으로 잡아내는 곳이 한국석유관리원입니다.

석유관리원이 종전보다 바빠졌습니다. 전국 지방 자치 단체와 손잡고 유가 보조금 부정 수급 단속을 벌이기 시작해서죠. 유가 보조금은 사업용 화물차와 택시, 버스 등에 지급하는 국가 보조금인데, 한 해 약 2조 6,000억 원의 혈세가 투입됩니다. 보조금 중 연간 3,000억 원 정도는 허위 결제, 카드깡, 외상 결제 등으로 줄줄이 새고 있다는 게 업계 추산입니다.

석유관리원이 경기 화성시의 주유소들을 점검하는 현장에 동행해 봤습니다. 화성시는 전국에서 가장 많은 주유소가 있고, 화물차 이동이 빈번해 부정 수급 적발 건수가 가장 많은 곳입니다.

보조금을 빼돌리거나 가짜 석유를 유통하려는 세력과, 이를 막으려는 단속원 간 머리싸움이 치열했습니다. 의심 업소들이 '바지 사장'을 여러 명 내세우는 건 전형적인 수법입니다. 주유소가 화물차주들의 유가 보조금 카드를 100여 장 확보한 뒤 마음대로 꺼내 쓰는 경우도 있다고 합니다.

석유관리원 직원들은 '의심 업소'를 미리 선정한 뒤 이런 곳을 중점 점검합니다. 전국 주유소가 1만여 곳을 훌쩍 넘을 정도로 많기 때문이죠. 석유관리원은 모든 주유소에서 전산망을 통해 석유 수급 정보를 받고 있는데, 이 자료만 잘 들여다봐도 이상 징후를 포착할 수 있다고 합니다.

예컨대 각 주유소의 석유 판매량과 유가 보조금 지급액 등을 비교하면 의심스러운 곳이 나온다는 겁니다. 2019년 상반기 기준으로 의심 업소 229곳을 점검했는데 이 중 103곳에서 실제 부정 수급 행위를 확인했습니다. 적발률이 45퍼센트에 달했다는 이야기입니다.

석유관리원과 같이 방문했던 주유소 중 한 곳은 어찌 된 영문

86　　　　　　　　　　　　　　　　　위기의 대한민국을 논하다

인지 영업하지 않고 있었습니다. 현장에서 확인한 결과, 불과 한 시간 전까지도 영업한 흔적이 있더군요. 이곳은 경유를 리터당 1,305원에 팔고 있었습니다. 불과 200미터 떨어진 같은 브랜드의 셀프 주유소에선 경유 가격이 1,359원이었지요. 직원을 두고 영업하는 의심 업소 기름값이 바로 옆 셀프 주유소보다 훨씬 저렴했던 겁니다. 시장 경제 원리에 맞지 않습니다. 현장 단속원은 "이런 곳에선 보조금 횡령뿐만 아니라 가짜 석유를 팔 가능성이 있어 주시해야 한다"고 했습니다.

석유관리원의 현장 직원은 전국적으로 100명 정도 됩니다. 2인 1조로 다니면서 주유소 전산망과 실제 결제액을 대조하고, 필요할 경우 CCTV까지 확인합니다. 탱크로리가 덤프트럭 등에 직접 주유하는 불법 현장을 채증하기 위해 드론을 띄우기도 합니다.

단속반원들 사이에선 새로운 고민이 생겼다고 합니다. 일주일에 52시간을 초과해 근무하면 CEO를 처벌하는 규제 때문이죠. 일주일에 3~4일씩 현장을 나가는 경우가 많고, 잠복근무도 심심치 않게 해야 하는 상황에서 주52시간 근로제를 지키는 게 쉽지 않습니다. 현장 직원은 "2인 1조로 밤낮을 가리지 않고 불법 현장을 쫓아다녀야 하는데 공공 기관으로서 주52시간제를 어길 수도 없다"며 "궁여지책으로 밤과 낮 잠복근무조를 따로 편성하고 있다"고 했습니다. 두 배의 인력이 필요한 건 둘째 치고 업무 연속성이 떨어지는 게 큰 문제라고 합니다.

정부는 연구직 등 일부에 한해 특별 연장 근로 인가 사유를 확대하는 내용의 보완책을 내놓긴 했습니다. 하지만 미봉책에 불과하다는 지적이 많습니다. 일부 예외를 빼놓고선 주 52시간제를 워낙 폭넓게 강제하고 있기 때문이죠. 지금 규제로는 시대 변화에 따라 새로운 직업군이 생길 때도 일률적인 잣대를 들이댈 수밖에 없습니다. 반면 미국, 영국, 일본 등 비슷한 제도를 운용하는 국가들은 단체 협약 등으로 근무 시간을 유연하게 결정할 수 있도록 하고 있습니다.

노동 우대를 표방하고 있는 새 정부가 또 하나의 규제를 성급하게 도입하면서 의도치 않았던 부작용이 생기고 있습니다.

"우린 어디서 배상받나…" 벼랑 끝 자영업자들 ●

서울 강북의 한 쇼핑몰 안에서 프랜차이즈 식당을 운영하는 김모 대표는 힘든 결정을 내렸습니다. 직원 및 아르바이트생을 여섯 명 고용해 왔는데 이 중 한 명에게 "상황이 워낙 어려우니 당분간 나오지 말라"고 통보한 것이죠. 김 씨는 "다른 직원 두 명에게는 일하는 시간을 줄여 달라고 부탁했다"며 "언제까지 버틸 수 있을지 모르겠다"고 고개를 저었습니다.

분위기는 2020년 벽두부터 심상치 않았습니다. 매출이 예년 대비 40~50퍼센트 줄었기 때문입니다. 그는 "같은 프랜차이즈

위기의 대한민국을 논하다

를 하는 경기도 모 지점의 하루 평균 매출은 5분의 1로 감소했다 더라"고 전했습니다. 또 다른 자영업자는 "정부가 코로나19로 자가 격리된 사람들에게 월 100만 원 넘는 생계비를 준다는데, 전염병 공포로 폐업 위기에 처한 우리나, 일자리를 잃게 된 종업원들은 누가 책임져 주느냐"고 하소연했습니다.

자영업자들은 이미 '그로기' 상태였습니다. 새 정부가 출범한 2017년 이후 3년간 최저 임금이 30퍼센트 넘게 오르면서 인건비 부담이 껑충 뛰었습니다. 직원을 새로 뽑지 않고 '가족 운영'으로 버티는 곳이 속출했습니다.

경기 침체가 계속되는 가운데 도입된 '주 52시간 근로 의무화'는 치명타가 됐습니다. 직장 회식 문화가 사라지다시피 하면서 저녁 소비 시장이 얼어붙었지요. 설상가상 전염병의 세계적 대유행(팬데믹) 사태까지 터진 겁니다.

정부가 부랴부랴 자영업자 및 중소기업을 대상으로 2조 원을 긴급 지원하겠다고 발표했지만 현장 반응은 시큰둥합니다. 자영업자에게 돌아갈 몫은 상대적으로 적은 데다 이마저 대출 이자나 보증 지원이 전부이기 때문이죠. 실제로 정부 대책의 골자는, 매출 타격을 입은 소상공인을 대상으로 연 2.0퍼센트 금리 대출을 주선하거나, 특례 보증을 제공하는 겁니다.

자영업자들이 처한 상황이 얼마나 심각한지는 여러 통계에서 확인됐습니다. 특히 소득 하위 40퍼센트에 포함되는 자영업자 비중이 확 늘었습니다. 소득 빈곤층으로 추락하는 자영업자들이 늘고 있다는 위험 신호입니다.

자영업자들은 경기에 민감할 수밖에 없습니다. 경기가 활황이나 불황이냐에 따라 매출이 춤을 추기 때문이죠. 역대 정부의 경제 성장률 평균치를 OECD 국가들의 평균 성장률과 비교해 보는 건 그래서 의미 있을 겁니다. 투자 시장에서 어떤 펀드 또는 펀드 매니저가 잘했는지를 판단하기 위해 시장 평균 수익률 대비 얼마나 초과 달성(outperform)했는지를 살펴보는 것과 같은 맥락입니다.

OECD가 공개한 2000년 이후의 각국 경제 성장률에 따르면, 노무현 정부(2003~2007년) 5년간 우리나라의 실질 성장률은 연평균 4.74퍼센트를 기록했습니다. OECD 평균(2.83퍼센트) 대비 1.91퍼센트포인트 높았지요. 직전이던 김대중 정부(2000~2002년 3년 기준) 땐 그 차이가 무려 4.76퍼센트포인트나 됐습니다.

이명박 정부(2008~2012년) 때도 우리나라 성장률은 선진국 평균을 크게 상회했습니다. 한국(3.34퍼센트)과 OECD 평균(0.67퍼센트) 간 차이가 2.67퍼센트포인트에 달했습니다. 경제 운용만 놓고 보면 상대적으로 잘 대처했다는 평가가 가능합니다. 박근혜 정부(2013~2016년) 들어선 한국 경제와 OECD 간 성장률 차이가 0.99퍼센트포인트로 좁혀졌습니다.

경제 성장률 격차로 따져본 한국 정부 성적은 문재인 정부(2017~2019년) 들어 눈에 띄게 나빠졌다는 점이 확인됐습니다. 3년간 우리나라 성장률은 평균 2.6퍼센트였는데, 이는 OECD 평균(2.23퍼센트) 대비 0.37퍼센트포인트 상회할 뿐입니다. 이 격차가 갈수록 좁혀지고 있다는 건 더 큰 문제입니다.

보수·진보 성향을 떠나 새 정부의 경제 운용 실력이 가장 떨어진다는 평가가 가능합니다. 그 중심엔 현 정부가 세계 최초로 들고나온 '소득 주도 성장 이론'이 있다는 게 상당수 경제 전문가들의 해석입니다.

이처럼 경제 활력이 떨어지면, 가장 타격을 받는 집단은 역시 자영업자가 될 수밖에 없습니다. 근로소득자의 경우 강력한 노조로 인해 임금 삭감이나 해고가 쉽지 않기 때문이죠.

특히 우리나라의 자영업자 비중은 전체 경제 활동 인구 중 25.1퍼센트(2018년 기준)에 달합니다. OECD 회원국 중 5번째로 높습니다. 우리보다 자영업자 비중이 높은 곳은 그리스(33.5퍼센트), 터키(32.0퍼센트), 멕시코(31.6퍼센트), 칠레(27.1퍼센트)뿐입니다. 모두 선진국은 아닙니다. 반면 미국의 자영업자 비중은 6.3퍼센트이고 일본도 10.3퍼센트에 불과합니다.

한국에서 자영업자 비중이 높은 이유로는, 양질의 일자리가 부족한 게 첫 번째 원인으로 꼽힙니다. 좋은 일자리를 만들어낼 수 있는 좋은 기업이 그만큼 적다는 의미입니다. 정부가 인위적으로 공무원과 공기업 일자리를 늘리고 있지만, 이들을 먹여 살려야 할 국민 부담만 늘릴 뿐, 해법이 될 수 없습니다.

과거 사스(SARS·중증 급성 호흡기 증후군)나 메르스(MERS·중동 호흡기 증후군) 당시를 돌이켜 보면, 이번 코로나19 사태 역시 단기간 내 종식되기 어렵습니다. 우리나라의 노동 시장 구조에서, 실패한 자영업자가 근로소득자로 재편입될 가능성은 매우 낮습니다.

다른 어느 때보다 힘든 시기를 보내고 있는 600만 자영업자들. 정부는 이들의 목소리에 귀를 기울이고 있나요.

기준 금리 낮췄는데 대출 금리는 왜 오르나 ●

소상공인·자영업자들의 어려움이 한계 상황을 넘어서고 있습니다. 코로나19 사태 초기보다는 분위기가 나아졌다지만 예년 대비 매출이 큰 폭 감소했습니다. 문제는 코로나19 이전에도 경기가 상당히 좋지 않았다는 겁니다. 간신히 버텨오던 '벼랑 끝 자영업자들'이 전염병 사태의 직격탄을 맞은 겁니다.

지인 중 한 분이 최근 시중 은행을 찾았다고 합니다. 한국은행이 기준 금리를 역대 최저치로 낮춘 만큼 대출 금리 부담을 조금이라도 덜 수 있지 않을까 해서죠. 은행 직원의 답변은 예상 외였습니다.

"기준 금리가 떨어진 건 사실이지만 은행에선 조달 비용이 여전하기 때문에 대출 이자를 낮춰줄 수 없습니다."

한국은행이 기준 금리를 크게 낮춘 건 시중에 돈을 돌도록 만들어 코로나19 여파로 한계에 봉착한 가계·기업을 지원하려는 조치였을 겁니다. 그는 "한국은행이 기준 금리를 올리면 은행이 대출 금리를 즉각 인상하지 않았느냐"며 "기준 금리 인하가 금융 회사만을 위한 정책이었던 것 같다"고 망연자실해 했습니다.

일부 주택담보대출 금리는 한국은행의 '빅컷(큰 폭의 기준 금리 인하)' 이후 되레 높아지기도 했습니다. 몇몇 대출 상품은 은행이 발행하는 금융채 금리와 연동하는데, 안전 자산인 금융채 가격까지 하락(금리 상승)하고 있기 때문이죠.

정부가 소상공인들을 위해 저리 대출을 3조 원 규모로 내주겠다고 발표했으나 실제로 받기는 만만치 않습니다. 온라인 및 전화 예약 시스템은 아예 먹통이 돼 버렸습니다.

이 와중에 임차료를 내지 못해 문을 닫는 상가가 눈에 띄게 늘고 있습니다. 한 번 비게 된 상가는 새로운 상가로 채워지지 않습니다. 경기 활력이 소실되고 있는 겁니다.

소상공인·자영업자 중 자기 자본으로 영업하는 이는 드물 겁니다. 매출이 바닥을 치는 상황에서 매달 이자 상환일은 꼬박꼬박 돌아옵니다. 경제 주체들이 기준 금리 인하와 경기 부양책을 얼마나 체감하고 있는지 살펴보는 곳이 어디에도 없습니다.

● **누가 봐도 흉물인데 문화유산이라는 서울시**

서울 충정로엔 지은 지 90년 가까운 아파트가 흉물처럼 서 있습니다. 벽에 금이 많이 가 있는 지상 4층짜리 공동주택인데 하수구 냄새가 밖에까지 새어 나오는 곳입니다. 그래도 이 아파트는 철거된 후 새 아파트로 변신하기 어렵습니다. 서울시가 '문화 시설'로 지정해 개발할 수 없도록 꽁꽁 묶어놨기 때문이죠. 서울시 '흔적 남기기' 프로젝트의 일환입니다.

흔적 남기기 사업은 곳곳에서 갈등 요인이 되고 있습니다. 재개발 사업 과정에서 '청량리 588' 등 성매매 집결지 일대를 역사·생활 문화 공간으로 만든다는 사실이 알려지면서 거센 반발이 일었습니다. 건축 가치가 전혀 없는 쪽방촌을 보존한다는 계획이 추진되기도 했습니다. "역사적 보존 가치가 있는 서울시 자산"이란 겁니다.

1970~1980년대 개발 독재 시절 지어졌던 노후 아파트의 굴뚝이나 건물을 문화유산 명목으로 보존해야 한다는 아이디어도 등장했습니다. 실제로 서울 강남구 개포주공 4단지는 시의 요구에 따라 종전 58개 동 가운데 2개 동을 허물지 않고 보존하는 방식으로 아파트 건설 공사를 진행했습니다.

"수십 년 된 낡은 아파트를 남겨 놓으면 흉물이 될 것"이란 비판이 나왔지만 공사에 대한 인·허가권을 가진 서울시의 벽을 넘을 수 없었습니다. 조합원들 처지에선 중요한 재산권 문제이지만 '재건축은 속도가 관건'인 상황에서 지방 자치 단체 눈치를 보지 않을 수 없었던 겁니다.

잠실주공 5단지, 개포주공 1단지, 반포주공 모두 같은 처지입니다. 서울시가 잠실주공 5단지에 대해 "굴뚝과 아파트 1개 동을 남기라"고 요구하고 있지만 조합 측은 대놓고 반발하기 어렵습니다. 지자체가 막강한 인·허가권을 휘두르고 있어서지요. 잠실주공 5단지 조합 관계자는 "서울시와의 협의 끝에 굴뚝은 존치하지 않기로 했다"며 "아파트 한 동은 남기는 것으로 결정됐지만 이 문제에 대해 공개적으로 이야기하고 싶지 않다"고 했습니다.

문제는 역사적·문화적 가치를 놓고 논란이 클 수밖에 없는 구시대 건축물에 대해 제대로 된 공론화 절차 없이 추진되고 있다는 겁니다. 일부 위원회가 가동 중이지만 객관성을 담보하고 있는지 의문입니다.

총괄 컨트롤 타워가 아니라 여러 개 부서가 알아서 유물을 지정하고 있어 통일된 기준을 적용하기도 어렵습니다. 예컨대 서울시 내에선 문화정책과와 도시재생실, 주택건축본부(공동주택과) 등이 관련 업무를 맡고 있습니다.

존치된 '미래 문화유산'들이 계속 보존·유지되는 데 국민 세금이 쓰이게 된다는 점도 향후 논쟁거리가 될 수 있습니다. 예컨대 강남 주택 단지 안에 남게 될 '옛날 아파트(문화유산)'의 운영·관리 비용은 거주민들이 아니라 지자체 세금으로 충당하게 됩니다. 각 조합이 울며 겨자 먹기로 기부 채납한 '유물'의 관리 책임이 각 지자체에 있기 때문이죠. 해당 아파트 입주민이 전적으로 이용할 가능성이 높은 시설의 관리 비용을 전체 시민들이 나눠 내야 하는 황당한 일이 벌어질 수 있다는 의미입니다.

지자체가 낡은 건물의 존치를 결정했다면, 그 목적을 분명히 해야 합니다. 정말 미래 세대에게 유산을 남겨 주기 위해서인지, 아니면 부동산값 상승을 막자는 차원에서 일부러 흉물을 남기려는 것인지 말입니다.

지자체 담당자들마저 헷갈려 하니 자꾸 생뚱맞은 정책이 나옵니다.

위기의 대한민국을 논하다

에너지 · 환경

1
에너지 백년대계
어디로

손사래 치지만 갈수록 쌓이는 전기료 인상 요인　●

'전기 요금 진짜 올리나 안 올리나.'

　매우 예민하지만 피할 수 없는 논쟁의 주제입니다. 문재인 정부는 출범 초기부터 공개적으로 약속했습니다. 2022년까지 전기 요금 인상률이 1.3퍼센트 이하가 될 것이라고 했지요. 5년간 1.3퍼센트이니, 연평균으로 계산하면 0.2~0.3퍼센트 상승률에 불과합니다. 사실상 동결하겠다는 것입니다.

　전기 요금을 관장하는 산업통상자원부가 새 정부 출범 이후 미묘한 태도 변화를 보여온 점은 주목할 만합니다. "애초 전기 요금을 올리지 않겠다고 공언했던 건 국제 유가가 변하지 않을 것이란 가정 아래의 이야기였다"는 해명을 조금씩 흘렸습니다. 전력 송·배전을 독점하고 있는 한국전력공사 역시 몇 차례 기자 간담회를 통해 "이제 전기가 싸다는 인식 자체를 바꿔야 한다"고 강조했습니다. 전기 요금 인상의 필요성을 우회적으로 표현한 겁니다.

전기 요금을 인상할 요인은 자꾸만 쌓여 갑니다. 대부분 정부 정책의 급격한 변화에 따른 겁니다. 대표적인 게 탈원전으로 대표되는 에너지 전환 정책입니다. 세계적으로도 가장 저렴한 원전과 석탄 대신, 발전 비용이 대단히 높은 태양광 및 풍력 비중을 높이려는 계획입니다.

1983년 상업 운전을 시작했던 월성 원전 1호기 조기 폐쇄 조치도 탈원전 정책의 일환입니다. "경제성이 나쁘기 때문에 조기 폐쇄를 결정했던 것"이란 게 정부 입장입니다만 곧이곧대로 믿을 사람은 많지 않을 겁니다. 월성 1호기 이용률을 60퍼센트로만 유지해도 조기 폐쇄보다 훨씬 이익이란 사실은 공기업인 한국수력원자력도 인정하고 있어서죠. 월성 1호기는 가동 이후 연평균 80퍼센트 이상의 이용률을 보여 왔습니다. 2012년 이후엔 약 7,000억 원을 투입해 안전성을 대폭 보강했고요.

전기 요금 인상 요인은 또 있습니다. 환경부와 산업부는 온실가스 감축 목표를 당초 계획 대비 두 배 높이겠다고 국제 사회에 알렸습니다. 온실가스를 많이 배출하는 석탄 및 유류 화력 발전소엔 비상이 걸렸지요. 정부가 약속을 지키려면 값싼 화력 발전 대신 태양광이나 풍력 발전을 더 많이 돌려야 합니다. 상당한 원가 상승 요인이지요. (아이러니하게도 원자력 발전소는 온실가스를 전혀 배출하지 않지만 탈원전 선언 때문에 대안이 되기 어렵습니다.)

이 와중에 미세먼지가 많은 날 화력 발전소 출력을 최대 80퍼센트로 제한하는 상한 제약이 시행됐습니다. 미세먼지 농도가 $50\mu g/m^3$ 이상으로 예상될 때 각 광역 단체장이 "발전소 출력을 낮추라"고 지역 내 발전소에 요구할 수 있도록 만든 제도이죠. 발전사들은 예외 없이 따라야 하는 의무 규정입니다. 역시 전기 요금 인상을 강력하게 압박하는 요인입니다.

결과적으로 정부는 전기 요금을 적지 않은 폭으로 올릴 겁니다. 한국전력공사, 한국수력원자력 등 공기업들이 적자를 내면서 언제까지나 버틸 수는 없겠지요. 몇 년 잘 틀어막는다고 해도 결국 터질 가능성이 높습니다. 세상엔 공짜가 없습니다.

"어떻게 한 번도 못 맞히나…" 전력거래소의 헛발질 ●

전력거래소가 '이상 징후'를 보이고 있습니다. 전력거래소는 2011년 설립된 비영리 독립법인입니다. 전국 각 발전소가 적정 수준의 전기를 생산할 수 있도록 매일 최대 전력 수요를 예측하지요.

2018년 7월 23일 오전 전력거래소는 당일 최대 전력 수요가 당해 최대치(8,830만 킬로와트)에 도달할 것이라고 했습니다. 결과는 충격적이었습니다. 오후 4~5시에 9,070만 킬로와트에 달했던 겁니다. 예비율은 원래 예상했던 11퍼센트를 한참 밑돈 8.4퍼센트에 그쳤습니다. 예비율이 10퍼센트를 밑돌면 안심할 수 없는 단계입니다.

전력거래소는 다음 날 오전에도 안이하게 판단했습니다. 최대 전력 수요가 전날 수준(9,070만 킬로와트)에 그칠 것으로 봤지요. 당일 전력 수요는 역대 최고인 9,248만 킬로와트였습니다. 예비율은 7.7퍼센트까지 밀렸습니다.

다음 날엔 아침 일찍부터 최대 전력 수요가 9,300만 킬로와트로 역대 최고치를 경신할 것이라고 장담했습니다. 작심한 듯 보였습니다. 예비율이 6.3퍼센트로 뚝 떨어질 수 있으니 정부, 기업, 가계 등 각 경제 주체들이 철저히 대비할 필요가 있다고 경고했습니다. 결과는 또 달랐습니다. 당일 최대 수요는 9,040만 킬로와트로, 전력거래소 예상보다 무려 260만 킬로와트 적었습니다. 원자력 발전소 2~3기가 생산하는 전력량만큼 차이가 컸던 겁니다.

여론의 뭇매를 맞은 다음 날, 전력거래소는 또 마음먹고 예측치를 냈습니다. 최대 전력 수요가 8,900만 킬로와트대로 떨어질 것으로 봤습니다. 결과는 9,068만 킬로와트로 전날보다 오히려 수요가 늘었지요. 이날 예비율이 다시 10퍼센트대를 회복할 것으로 예상했으나 결과는 9.5퍼센트였습니다.

에너지 전문가인 한 대학교수는 "전력 관련 전문 기관인 전력 거래소가 당일 수요 예측치를 어떻게 한 번도 못 맞힐 수 있느냐"며 희한하다고 했습니다. 당일 수요를 정확하게 예상하는 건 쉽지 않은 일입니다만, 원전 여러 기가 생산하는 전력량만큼 숫자를 틀린다면 실력을 의심해야 할 만큼 심각하다는 거지요.

전력거래소도 할 말이 있는 듯합니다. 독립 기관이지만 전문성을 발휘하기엔 여러 제약이 있다는 것이죠. 무엇보다 정부 눈치를 봐야 합니다. 탈원전을 국정 기조로 채택하고 있는 정부가 전력 정책을 총괄하는 상황에서, 전력거래소 홀로 "전력 수요가 급증할 것"이란 사인을 보내기가 부담스럽습니다. 탈원전 정책은 전력 수요가 천천히 높아지거나, 아예 수요가 둔화할 것으로 예상해야 추진할 수 있는 정책이지요. 전기 사용량이 갑자기 많아지면 태양광·풍력 등 재생 에너지로는 대응하는 게 불가능합니다.

뭐니뭐니 해도 전력거래소는 전력 관련 국내 최고의 전문 기관입니다. 당일의 수요 예측조차 매번 큰 차이로 틀린다면 신뢰를 잃을 수 있습니다. 안이하게 판단하다가 2011년 9월 11일과 같은 국가 대정전을 초래하거나, 불필요한 발전소를 대규모로 돌려 낭비를 초래할 수 있지요. 전력거래소가 실력과 독립성을 동시에 높여야 하는 과제를 안고 있습니다.

일본 "에어컨 켜세요" vs 한국 "더위에 무리 말라"

2018년은 역대 기상 관측 사상 가장 더운 여름으로 기록됐습니다. 불볕더위는 우리만의 문제가 아닙니다. 이웃 나라 일본에서도 온열 환자가 속출했습니다. 그런데 일본과 한국 정부의 대응이 사뭇 달랐습니다.

일본 정부와 지방 자치 단체는 연일 "목숨이 위험할 수 있는 더위입니다. 에어컨을 켜세요"라고 안내했습니다. 후생노동성은 "절전을 너무 의식하지 말라. 기온과 습도가 높은 날은 무리하게 전기를 아끼지 말고 에어컨을 사용하라"고 쓴 팸플릿을 일제히 배포했습니다. 도쿄 자치구에선 "실내 온도가 28도를 넘으면 선풍기도 믿지 말고 에어컨을 돌리라"고 권했습니다. 2011년 후쿠시마 원전 사고 이후 전력이 부족해진 일본이지만 '절전 캠페인'은 아예 벌이지도 않았습니다. 에어컨 가동은 시민의 기본적인 권리란 인식에서죠.

한국 정부가 폭염을 일찌감치 재난으로 규정한 건 일본과 비슷했습니다. 하지만 대응법에 많은 차이가 있었지요. 우리나라 총리는 국무회의에서 "전기 요금을 제한적으로 특별 배려할 수는 없는지 검토하라"고 산업통상자원부에 지시했습니다. 요금 걱정에 에어컨도 제대로 못 켜는 국민을 위한 발언이라지만 '특별 배려'란 표현에 거부감을 표시한 사람이 많았습니다.

또 "정부나 지자체의 개별 점검에 앞서 안전을 지키는 것은 본인이어야 한다. 국민 여러분도 더위에 무리하지 마시기 바란다"고 했습니다. '한시적으로라도 전기 요금을 낮출 테니 에어컨을 충분히 켜라'는 이야기는 끝까지 나오지 않았지요. 너도나도 에어컨을 켤 경우 전력이 부족해질 가능성을 걱정했던 것 같습니다.

우리 정부는 절전 캠페인도 본격화했습니다. 공공 기관들이 '적정 온도 28도'를 잘 지키는지 살피고, 문 열고 냉방 영업하는 곳을 대상으로 절전 계도에 나섰지요. 개문 냉방 영업장에 과태료도 적극 부과하겠다고 밝혔습니다.

청와대 국민 청원 게시판에는 "국가 재난 수준의 폭염 속에서 일본 정부는 전기료를 신경 쓰지 말고 에어컨을 켜라고 했다. 한국에선 전기 요금 찔끔 인하를 검토하면서 선심 쓰듯 특별 배려하겠다고 한다. 주택용에만 과도한 부담을 지우는 전기 요금 누진제를 완화하라는 게 국민 요청인데 무슨 특별 배려가 필요하나"는 글이 올라왔습니다.

실제로 우리나라에선 전기 요금이 무서워 에어컨을 켜기 두려운 게 사실입니다. 정부에서 '에어컨을 충분히 틀라'고 자신 있게 말하지 못하는 이유도 여기에 있습니다. 에어컨을 많이 사용했다가 '전기료 폭탄'을 맞을 게 뻔하고 그럼 다시 화살이 정부로 향할 테니까요.

한국의 전기 요금 누진제는 기본 3단계인데, 더 많이 쓸수록 기하급수적으로 요금이 늘게 되는 구조입니다. 1단계와 3단계

간 요금 차이는 최소 3배 이상이고요. 이런 누진제는 유독 주택용에만 적용되고 있습니다.

일본에선 누진제를 적용하지만 우리만큼 차이가 크지 않습니다. 지역에 따라, 또 전력 회사마다 다르지만 차이가 최대 1.6배 정도이지요. 미국, 캐나다, 중국 등 다른 나라도 누진제 구간별 요금 차이가 최대 1.5배에 그칩니다. 영국, 프랑스 등은 아예 누진제를 도입하지 않은 채 단일 요금 체계를 유지하고 있습니다.

"전기 요금 누진제를 폐지하라"는 민원이 빗발치자 정부는 한여름에 한하여 요금을 조금 낮추긴 했습니다. 전기 사용량이 일정 구간을 넘어설 때 적용하는 상위 전력량 구간을 높이는 방식을 동원했습니다.

정부는 "전기 요금을 일시적이라도 많이 낮췄다가는 전기 사용을 장려한다는 잘못된 신호를 줄 수 있다"고 우려합니다. 하지만 이런 걱정 자체가 '전력이 절대 부족했던 개발도상국 시절의 인식'이란 지적이 나옵니다.

익명을 요구한 한 에너지 관련 교수는 "정부가 성급하게 탈원전을 선언해 놓고 전력이 부족할까 봐 전전긍긍하고 있다"며 "가장 기본적인 생필품인 전기를 값싸고 안정적으로 공급할 책임은 전적으로 정부에 있다"고 꼬집었습니다.

원전은 1급 보안 시설인데 직접 점검하겠다는 민간 조사단 ●

원자력 발전소 운영 회사인 한국수력원자력은 요즘 골머리를 앓고 있습니다. 비단 정부의 탈원전 정책 때문이 아닙니다. 환경·시민 단체와 지방 자치 단체의 간섭과 개입이 도를 넘고 있어서지요.

울산시 의회는 2019년 여름 '울산시 원자력 시설 안전 조례'를 통과시켰습니다. 이 조례는 원자력 시설에서 사고가 발생할 경우 조사·검증을 위해 시민·전문가 등으로 안전성 검증단을 구성·운영할 수 있도록 하고 있습니다. 원전 가동 중단이 발생하거나 공극(일종의 구멍), 철판 부식 등이 발견됐을 때 외부인들이 직접 안정성을 검증해야 한다는 논리입니다. 민간 검증단 활동과 관련한 모든 비용은 한국수력원자력이 부담하도록 했습니다.

조례 통과 직후 민간 검증단이 일사천리로 꾸려졌습니다. 울산시 울주군 의원이 검증단장을 맡았고, 민간인 18명으로 구성된 조사단이 출범했지요. 환경 단체 활동가와 환경 관련 대학교수, 지역 시민 등이 참여했다고 합니다.

문제는 원전이 1급 국가 보안 시설이란 겁니다. 시의회 차원에서 조례를 만들었더라도 외부인 출입을 엄격히 제한하고 있지요. 원전 사고 등에 대한 조사 권한은 원자력안전법에 따라 독립기구인 대통령 직속 원자력안전위원회가 갖고 있습니다. 울산시가 시의회를 대상으로 '조례에 대한 재의'를 요청했던 배경입니다.

민간 조사단은 발끈했습니다. 조사단 관계자는 "원전에 대한 경각심이 커진 상황에서 시민들이 직접 안전을 점검하겠다는 취지"라며 "전남 영광의 한빛 원전에선 민관 합동 조사단이 활동했던 사례가 있다"고 했습니다. 또 "정부와 함께 민관 조사단을 공동으로 구성하는 방안을 추진하겠다"며 "궁극적으로 민간 조사단 활동이 보장받을 수 있도록 국회를 대상으로 원자력안전법 개정 운동에 나설 것"이라고 강조했지요.

전문가들은 울산시 의회 및 민간 조사단의 원전 직접 감시 움직임에 대해 부정적입니다. 민간인들이 원전 설비 및 운영에 대해 전문 지식을 갖췄을 리 없고, 보안 문제만 일으킬 수 있다는 점에서죠. 원전은 국가 안보 차원에서 접근해야 하는 시설물입니다.

한 원자력공학과 교수는 "충분한 전문성을 갖추지 못한 민간 조사단은 어설픈 지식으로 옥상옥 역할만 할 가능성이 크다"며 "원전 안전성을 높이려면 원자력안전기술원 조사의 독립성과 객관성을 강화하는 게 올바른 방향"이라고 지적했습니다.

● 원전 이어 석탄 발전도 수출하지 말라는 여당 의원

산업통상자원부에 대한 국정 감사 현장에선 탈원전 및 태양광 정책을 놓고 여야 간 공방이 오갑니다. 국가 운명을 좌우할 미래 에너지 정책을 놓고 열띤 논쟁이 매년 이어지지요.

2019년 국감에서 한 집권당 의원의 파격적인 주장이 화제가 됐습니다. 이 의원은 "인도네시아 치르본(Cirebon) 석탄 화력 발전 2호기 건설 과정에서 뇌물 수수 사건이 발생했다"고 공개 했습니다. 우리 기업들이 인도네시아에 석탄 발전 기술을 수출 하면서 주민 민원을 무마할 목적으로 현지 공무원에게 총 5억 5,000만 원을 줬다가 적발됐다는 것이죠.

치르본 2호기 사업은 한국수출입은행이 6,200억 원의 금융을 지원하고 한국중부발전이 500억 원을 투자한 사업입니다. 현대 건설이 시공을 맡았지요. 치르본 지역 고위 공무원에게 뇌물을 건넨 회사는 시공사입니다. 다만 현대건설 측은 "군수 격인 현지 공무원이 주민들의 민원을 중재하겠다며 비용을 요구해 전달했 을 뿐"이라고 해명했습니다.

인도네시아 등 동남아시아에 발전소를 건설하는 과정에서 뇌 물 관련 이슈가 발생하는 건 드물지 않습니다. 어떤 식으로든 우 리 기업이 연루된 건 안타까운 일이죠. 하지만 이 여당 의원은 여기에만 초점을 맞추지 않았습니다. 그는 "공기업인 한국수출 입은행과 한국중부발전은 이 사업에서 손을 떼야 한다"며 "더욱 중요한 건 해외 석탄 발전 사업에서 완전히 철수하는 것"이라고 했습니다. 국내 발전소 수출의 전면 중단을 요구한 겁니다.

그 이유로는 '기후 위기 대응 및 현지 주민들의 인권 보호'를 내세웠습니다. 이 의원은 "글로벌 기후 위기가 심각한 상황에서 주요 온실가스 배출원인 석탄 화력 발전에 지속적으로 투자하는 건 시대를 거스르는 일"이라고 주장했습니다.

국정을 책임지고 있는 여당 의원이 석탄 발전소 수출의 중단을 요구하는 건 이례적입니다. 새 정부 출범 후 경영 환경 악화로 적자 늪에 빠졌고, 이후 해외에서 활로를 찾으려는 발전사들은 이런 주장이 나오자 적지 않게 당황하고 있습니다. 한국전력공사와 발전 자회사들이 해외에서 운영하고 있거나 건설 중인 석탄 화력 발전소는 총 15건, 18.4기가와트나 되지요. 또 다른 공기업인 한국무역보험공사는 석탄 발전 수출에 총 5조 3,000억 원의 보증 및 대출(누적 기준)을 지원했고요.

한 발전사 관계자는 "우리가 해외 건설 입찰에 참여하지 않는다고 해서 석탄이 풍부한 동남아시아 국가들이 화력 발전소를 안 짓겠느냐"고 했습니다. 중국, 러시아 등 발전소 건설 경험이 풍부한 경쟁사들이 동남아 시장을 싹쓸이 할 것이란 예상입니다.

이뿐만이 아닙니다. 일부 국회 의원과 환경 단체들은 원전 수출마저 중단해야 한다고 목소리를 높입니다. 원자력 발전소를 해외에 짓는 건 도덕적이지 않다는 것이죠. 이는 "우리가 세계 최고의 원전 기술을 확보하고 있는 만큼 수출만큼은 적극 추진하겠다"는 청와대 및 정부 입장과도 배치되는 겁니다.

문재인 정부 출범 후 논란을 빚어온 에너지 전환 정책이 수출 전선으로까지 번지고 있습니다.

전기 요금 1퍼센트만 올려도 연 5,000억 국민 부담인데 ●

칠레는 정치적으로 몹시 불안한 중남미 국가들 중에서 꽤 오랫동안 우등생으로 꼽혀왔습니다. 우리나라가 2004년 최초로 자유무역협정(FTA)을 맺은 배경입니다.

중남미 국가 중 가장 부유했던 이 나라가 현재 벼랑 끝에 몰렸습니다. 전기, 지하철, 버스 등 공공 부문 요금을 잇따라 올린 뒤 대규모 시위 사태가 벌어졌기 때문이죠. 코로나19가 세계를 강타하기도 전에 이 나라에선 이미 비상사태가 선포됐습니다.

시위에 따른 칠레의 경제적 손실이 눈덩이처럼 커지면서 경제 성장률까지 갉아먹고 있습니다.

공공요금 인상은 이처럼 예민한 이슈입니다. 대상을 가리지 않고 영향을 끼치기 때문이죠. 서민 물가를 자극하는 주요 요인이기도 합니다. 탈원전을 국정 목표 중 하나로 내세웠던 우리 정부가 수차례에 걸쳐 "전기 요금 인상은 없다"고 공언했던 것도 이런 파괴력을 감안한 결과입니다.

그런데 정부 태도에 변화가 감지됐습니다. 한국전력공사, 한국수력원자력 등 전력·발전 공기업들이 대규모 손실을 낸 게 가장 큰 원인입니다. 한국전력공사는 누적 손실과 부채가 역대 최악 수준이죠.

태도 변화가 엿보인 계기는 이렇습니다. 환경부 장관이 공개된 장소에서 뜬금없이 "정부는 전력 발전 분야의 미세먼지 배출

110   위기의 대한민국을 논하다

을 낮추기 위해 석탄 발전 가동 중단 및 상한 제약을 철저히 시행할 계획이다. 그 과정에서 (당초 약속대로) 전기 요금 인상은 없을 것이다"라고 밝혔습니다. 그러자 산업통상자원부가 즉각 반박하고 나섰지요. 별도 배포한 설명 자료에서 "환경부 장관 발언은 오해 소지가 있다"며 "전기 요금 조정 필요성과 이와 관련된 세부 방안을 검토하겠다"고 했습니다.

정부 내 의견이 정면충돌하는 게 흔하지 않지만 그 내용은 더 흥미로웠습니다. 산업부는 "현재로선 전기 요금 인상에 미치는 영향을 정확히 예단할 수 없으나 석탄 발전 감축 때 비용 수반은 불가피하다. 실제 소요된 비용을 정확히 산정한 뒤 전기 요금 조정 필요성을 따져 보겠다"고 설명했습니다. 즉 전기 요금 인상이 없을 것이란 환경부 발표는 잘못됐으며, 추후 면밀하게 검토해 요금을 조정하겠다는 입장으로 읽힙니다. 요금 인상에 대한 표현 수위가 종전보다 과감해졌습니다.

전기 요금을 1퍼센트 올리면 한국전력공사 수익엔 얼마나 도움이 될까요. 한국전력공사 공시 자료를 보면, 전기 요금을 1퍼센트만 올려도 매년 4,300억~5,800억 원의 '법인세 비용 차감 전 순이익'을 낼 수 있습니다. 매년 차이가 나지만 대략적으로 '전기 요금 1퍼센트 인상→세전 이익 5,000억 원 개선' 효과를 기대할 수 있다는 계산입니다. 만약 한국전력공사가 전기 요금을 5퍼센트 올린다면 연간 2조 5,000억 원의 수익 개선을 꾀할 수 있습니다. 역으로 말하면, 국민들이 매년 2조 5,000억 원씩 더 부담해야 한다는 겁니다.

전기 요금을 인상하면, 지금도 경제 사정이 어려운 서민과 자영업자가 가장 큰 타격을 입게 될 겁니다.

에너지 전쟁 속 우리는 어떤 전략을 갖고 있나　　●

코로나19 발병 후 살얼음판을 걷던 글로벌 증시가 한순간에 무너졌던 건 국제 유가 탓이 큽니다. 사우디아라비아, 러시아, 미국 등 주요 산유국 간 이해관계가 엇갈리면서 기름값이 일순간 폭락했습니다. 다시 회복하긴 했지만 사상 최초로 유가 선물이 마이너스(원유 생산업체에서 오히려 돈을 받고 유통하는 상태)를 기록하기도 했지요. 석유가 여전히 정치 게임의 부산물이란 점을 입증했습니다.

현대 문명을 지탱하는 데 석유는 필수 불가결한 에너지입니다. 연료뿐만 아니라 의류, 화학 비료, 화장품까지 쓰임새가 광범위하기 때문이지요. 지난 100여 년간 석유를 둘러싼 국제 분쟁이 유독 잦았던 배경입니다. 2003년 미국이 이라크를 침공했던 이면에 석유가 있었다는 게 정설입니다.

문재인 정부가 2017년 6월 탈핵(脫核)으로 대변되는 에너지 전환을 선언한 지 3년 가까이 흘렀습니다. 태양광·풍력 등 재생 에너지에 대한 국민 관심을 환기한 점은 성과로 꼽힙니다. 배출

가스 등 환경 오염원에 대한 국제 규제가 강화되는 상황에서 지속 가능한 발전원의 확대 가능성도 확인했습니다.

하지만 훨씬 많은 부분에서 부작용이 속출했습니다. 한국전력, 한국수력원자력 등 초우량 공기업이 줄줄이 부실기업으로 전락했지요. 값싸고 안정적인 원전을 제대로 활용하지 못한 게 가장 큰 원인으로 꼽힙니다. 원전 이용률은 2016년만 해도 80~90퍼센트에 달했지만 탈원전 정책 시행 후엔 70퍼센트 선에 그치고 있습니다. 결국 국민이 부담하는 전기 요금을 인상하는 방안을 검토하고 있습니다.

더 우려스러운 건 에너지 안보입니다. 정부는 신규 원전 6기의 건설을 백지화했고 고리 1호기, 월성 1호기를 잇따라 폐쇄했습니다. 2030년까지 운영 허가를 종료하겠다는 원전만 11기에 달합니다. 설계 수명(30~40년)이 만료되는 원전 수명을 연장하지 않는 방식을 통해서지요. 미국 등에선 안전 보강을 거쳐 60~80년 이상 가동하는 게 보통입니다. 세계를 주도하는 우리 원전 기술을 포기하고 공급 안정성이 떨어지는 재생 에너지와 LNG로 대체하겠다는 게 정부 구상입니다.

해외 자원 개발이 전면 중단된 점도 에너지 안보를 불안하게 하는 요인입니다. 한국광물자원공사, 한국석유공사, 한국가스공사 등 에너지 공기업들은 해외 우량 자산을 닥치는 대로 팔고 있습니다. 이전 정권의 자원 개발 실태에 대한 '적폐 수사' 광풍에 이어 "해외 사업에선 아예 손을 떼라"는 윗선의 지시가 떨어진 뒤입니다. 페루 마르코나(구리 광구), 호주 물라벤(유연탄), 미국 로즈몬트(구리) 등이 줄줄이 매각됐고, 알짜로 꼽혀온 파나마의 '코브레 구리 광산' 지분도 매물로 나왔습니다.

새로운 개발 사업은 꿈도 못 꾸고 있습니다. 한국석유공사가 해외 광구에서 직접 생산하는 석유는 2015년 하루 23만 1,000배럴이었으나 2019년 말 19만 2,000배럴로 낮아졌습니다. 북해 톨마운트 광구 지분까지 팔면 '한국산 석유'는 더 줄어들게 됩니다.

한국은 국제 정세가 급변할 때마다 에너지 수급난을 겪어 왔습니다. 유가가 배럴당 최고 150달러에 달했던 2008~2010년엔 해외에서 석유를 조달하는 일도 만만치 않았지요. 반면 자원 확보 경쟁에 뛰어든 선진국들은 자금력을 갖춘 공기업을 앞세워 핵심 자원을 선점하고 있습니다.

정부가 에너지 전환 정책에 몰두하는 사이 구리, 철광석, 니켈 등 주요 광물 가격은 슬금슬금 오르고 있습니다. 한국은 전체 연료의 95퍼센트를 수입에 의존하는 자원 빈국입니다. 미래 세대를 위한 정부의 에너지 안보 전략이 무엇인지 궁금해하는 국민이 많습니다.

2
탈원전 정책의
명암

● **"교수들 줄 세우기 하나" 커지는 공학계의 불안감**

탈원자력 발전소 정책의 중심에 서 있는 한국수력원자력 행보에
교수 사회가 주목하고 있습니다. 국내 에너지 기업 중 최대 규모
인 R&D 자금을 놓고서입니다.

한국수력원자력 사장은 내부 회의에서 "종전 R&D 과제에 대
해 전수 조사하라"고 지시했습니다. 월성 원전 1호기의 조기 폐
쇄를 결정한 뒤 학계 의견이 분분하다는 게 이유였습니다. "이번
기회에 학계와의 협력 확대 방안을 찾아보자"는 이유를 댔다고
는 하지만 학계에선 곱지 않은 시선을 보냈지요. "탈원전 비판에
앞장선 교수들의 용역 계약을 해지하려는 것 아니냐"는 의심에

서입니다.

한국수력원자력의 R&D 예산은 산업통상자원부 산하 17개 공기업 중 가장 많습니다. 2018년 기준으로만 4,750억 원에 달했지요. 한국전력(4,307억 원), 한국가스공사(591억 원), 한국전력기술(432억 원), 한국동서발전(423억 원) 등보다 훨씬 많았습니다.

때마침 정부에서도 한국수력원자력을 포함한 에너지 공기업들의 '과거 5년간 R&D 과제'에 대한 집행 내역 및 성과를 모두 조사하기로 했습니다. 예산 운영이 불투명하고 민·관 협력도 미흡하다는 판단에서죠. 전(前) 정부 때 발주했던 원전 관련 프로젝트 등 R&D 과제를 면밀히 분석해 추후 연구비 배분 때 참고하겠다는 겁니다.

에너지를 전공하는 상당수 교수들은 한국수력원자력 및 정부의 이런 움직임에 대해 불편해하고 있습니다. 혈세나 다름없는 공기업의 R&D 자금을 갖고 학계를 줄 세우려는 것 아니냐는 시선을 보내고 있지요. 성과나 연구 능력에 따른 프로젝트 수주 경쟁이 사그라들고, '상아탑의 정치화'가 자리 잡지 않을까 걱정합니다.

더구나 한국수력원자력 사장은 내부 회의 때마다 "원전만 고집하지 말고 종합에너지 기업으로 탈바꿈하자"는 말을 수시로 해왔습니다. 결국 한국수력원자력 내 원자력 발전 비중은 크게 축소될 겁니다. 신규 투입될 R&D 자금 역시 태양광·풍력 등 신사업에 많이 배분되겠지요.

국내 유일의 원자력 발전소 건설·운영 업체인 한국수력원자력. 탈원전을 국정 기조로 내세우는 정부 정책에 발맞추려고 R&D 내역을 전수 조사하는 게 아니라는 점을 스스로 입증해야 합니다.

●   원전 수명 연장이 효율적이란 국제기구의 조언

"원자력 발전소의 수명을 연장하는 건 비용 효율적인 수단이 될 수 있다."

국제에너지기구(IEA)가 매년 발간하는 〈세계 에너지 투자〉 보고서에 나오는 내용입니다. IEA는 선진국 위주로 총 30개국이 가입해 있는 권위 있는 국제기구입니다. 한국도 회원국입니다.

에너지 투자 관련 각종 지표를 공개하는데, 친환경 에너지와 함께 원전도 많이 소개하지요. 예컨대 2017년 기준 전 세계 에너지 투자는 전년 대비 2퍼센트 감소한 1조 8,000억 달러로 집계됐습니다. 재생 에너지 투자는 2,980억 달러로, 전년 대비 7퍼센트 줄었지만 여전히 원전이나 화력 발전 투자 규모를 압도했습니다. 재생 에너지 중에선 태양광 발전 투자가 사상 최대를 기록했는데, 거의 절반(45퍼센트)이 중국에서 이뤄졌습니다.

원전에 대해 흥미로운 사실도 있습니다. IEA는 "전 세계적으로 원전 투자액의 절반은 새 원전을 짓는 데 쓰이는 것이 아니라 기존 원전을 보수하고 교체하는 데 사용되고 있다"고 했습니다. 과거 5년 통계를 보면 총 40기가와트의 전력을 생산할 수 있는 노후 원전이 40년을 넘어 운영할 수 있도록 연장 운전 허가를 받았다고 했지요. 전 세계 원전의 90퍼센트 이상은 수명 연장 절차를 밟아 40~80년 동안 운행되고 있습니다.

IEA가 원전 효율성을 언급한 것도 이 대목에서입니다.

"노후 원전을 10년 더 운영해서 생산하는 전력이 같은 기간 태양광과 풍력 투자에서 기대할 수 있는 전체 전력량의 15퍼센트에 해당한다. 그런데 비용은 (태양광 및 풍력 대비) 3퍼센트밖에 들지 않는다. 노후 원전의 수명을 연장하는 게 훨씬 효율적인 수단이 될 수 있다."

또 원전 수명을 단순히 20년 연장하는 조치만으로 태양광 및 풍력 투자 때의 기대 전력량 중 30퍼센트 이상을 생산할 수 있다고 강조했습니다. 원전의 수명 연장이 저탄소 에너지를 지속적으로 쓸 수 있는 효과적인 방법이라고 조언했지요.

한국에선 경북 월성 1호기 원전이 조기 폐쇄됐습니다. 상업 운전을 시작한 지 35년만입니다. 세계 최고 수준의 원전 건설·운영·보수 능력을 갖추고 있는 나라인데도 말입니다.

정부는 탈원전 로드맵을 발표하면서 "우리나라 모든 원전의 (1차) 수명을 연장하지 않겠다"고 선언했습니다. IEA 조언과는 거꾸로 가는 겁니다. 고리 1호기, 월성 1호기에 이어 조만간 고리 2호기 원전도 조기 폐로 운명을 맞게 됩니다.

위기의 대한민국을 논하다

탈원전을 탈원전으로 부르지도 못한다니

북한이 미사일로 추정되는 발사체를 두 차례 동해안으로 쏘자 국방부의 반응이 희한했습니다. 군사 전문가들이 '러시아 이스칸데르 지대지 탄도 미사일을 모방한 무기'로 추정했으나 군 당국은 "확실하지 않다. 분석 중이다"라고 유보적인 반응을 보였습니다. 이후 북한 발사체는 '홍길동 미사일' 또는 '불상(부처님 모양) 미사일'로 희화화돼 불리게 됐습니다. 북한과의 관계 개선에만 매달리는 청와대 때문에 국방부가 미사일을 미사일로 못 부른다고 풍자한 거지요.

국내 최대 공기업인 한국전력공사가 역대 최대 규모의 손실을 기록하자 산업통상자원부 반응도 다르지 않았습니다. "에너지 전환 정책은 한국전력공사 적자와 전혀 무관하다"고 했습니다.

하나씩 따져볼 필요가 있겠습니다. 산업부가 밝힌 한국전력공사의 적자 요인은 '발전용 LNG 등 국제 연료 가격 상승'입니다. 또 원전 이용률이 꾸준히 높아졌는데도 적자가 커졌기 때문에 '원전과 한국전력공사 손익 간 직접적인 연관이 없다는 점이 입증됐다'는 입장이죠.

LNG 가격이 많이 뛰었고 원전 이용률이 단기간 상승했던 건 사실입니다. 하지만 이면을 들여다봐야 합니다. 과거 LNG 가격이 지금보다 훨씬 높았을 때도 한국전력공사는 올해처럼 큰 폭의 적자를 내지 않았으니까요.

문제는 적정 수준의 원전 이용률입니다. 원전 이용률이 일시적으로 70퍼센트대 초중반까지 오른 건 맞지만, 2014~2016년(평균 85퍼센트)보다는 여전히 낮습니다. 참고로 우리보다 원전 숫자가 4배 정도 많은 미국의 경우 원전 이용률은 연평균 90퍼센트를 훌쩍 넘고 있지요.

원전 이용률이 떨어지면서 모자란 전력을 대신 생산한 건 LNG 발전입니다. 세계 어느 나라에서든 원전 가동을 갑자기 줄이게 되면, 대체할 수 있는 발전원이 LNG밖에 없습니다. 원전과 같은 기저 발전원인 석탄 화력의 경우 갑자기 가동을 확대하기 어렵고 미세먼지 문제도 있으니까요.

태양광·풍력 등 재생 에너지는 더욱 대체하기 어려운 발전원입니다. 좁은 영토와 간헐성(태양광은 태양이 떠 있는 동안, 풍력은 바람이 불 때만 가동) 문제 때문이지요.

결국 원전을 멈추는 대신 LNG 가동률을 높였는데, 마침 이 기간 중 LNG 값이 당초 예상보다 크게 뛰었던 겁니다. 2018년 기준으로 한국전력공사가 구입했던 LNG와 재생 에너지 단가는 킬로와트시당 122.45원 및 168.64원이었습니다. 원자력 발전 단가(62.05원)보다 최대 3배가량 비쌌던 거지요.

정부가 탈원전이란 용어 대신 에너지 전환으로 바꿔 부르기 시작했지만 탈원전이든 에너지 전환이든 한국전력공사 적자에 큰 영향을 끼친 건 분명합니다. 탈원전 선언 이전인 2016년 국내 원전 발전 비중은 전체의 30.0퍼센트였는데, 2018년엔 23.4

퍼센트까지 뚝 떨어졌습니다.

그럼 "정부가 탈원전 정책을 본격화하지도 않았다"는 환경론자들의 주장은 타당할까요. 이들은 그 근거로 "조기 폐쇄한 원전은 극히 적고, 원전 이용률이 낮아진 건 정부 정책 탓이 아니라 정비 일수가 늘었기 때문"이라고 합니다. 원전에 대한 안전 점검을 철저하게 하다 보니 정비 일수가 늘었을 뿐이란 겁니다. 또 정비 및 재가동 권한은 독립 기관인 원자력안전위원회가 갖고 있다고 강조합니다.

이런 주장이 근거가 있으려면 '정비 일수 증가가 탈원전 정책과 관련이 없고, 원자력안전위원회가 완전한 독립성·전문성을 확보하고 있다'는 전제가 깔려 있어야 합니다.

2011년 3월 일본 후쿠시마 원전 사고가 발생했을 때, 또 2013년 원전 부품 비리가 사회적 이슈가 됐을 때 원전 정비 일수는 급증했습니다. 안전 점검을 대폭 강화했던 것이죠. 이 기간 중 원전 계획 예방 정비 일수는 예년 대비 500일 정도 늘었습니다.

새 정부 출범 후 원전 정비 일수는 1,000일가량 급증했습니다. 탈원전 선언 외 다른 이슈는 없었지요. 경주 지진이 있었지만 리히터 규모가 내진 설계 기준을 크게 밑돌았고 국내 원전엔 전혀 타격을 주지도 않았습니다.

국내 원전의 가동 중단·재가동 승인 권한을 가진 원자력안전위원회의 독립성·전문성도 의심을 받습니다. 원자력 전문가였던 전 원자력안전위원회 위원장은 새 정부 출범 직후였던 2017

년 말, 임기를 1년 4개월 앞두고 사표를 냈습니다. 후임자로 반핵 운동가 출신이 선임돼 원자력안전위원회를 이끌어 왔지요. 원자력안전위원회뿐만 아니라 원자력 관련 정부 기구엔 탈원전을 주장해 온 환경론자들이 많이 포진해 있습니다.

"새 정부에서도 원전 숫자가 증가하니 탈원전 정책이 본궤도에 올랐다고 보기 어렵다"는 주장도 맞지 않습니다. 향후 5기의 신규 원전이 건설되는 건 맞지만, 원래는 11기가 증설돼야 합니다. 4차 산업 혁명과 전기차 시대에 대비하기 위해선 안정적인 전기 공급이 필수라고 과거 원자력안전위원회가 판단했었지요. 새 정부는 이 중 6기의 신설을 백지화했습니다. 천지 1·2호기, 대진 1·2호기는 물론 공정률이 30퍼센트에 달했던 신한울 3·4호기까지 무효화했습니다. 이미 투입한 돈은 전부 매몰 비용으로 날아가게 됐습니다.

공기업인 한국수력원자력은 긴급 이사회를 열어 가동한 지 35년 된 월성 1호기 원전의 조기 폐지를 결정했습니다. 약 7,000억 원을 투입해 안전 설비를 보강했고, 과거 원자력안전위원회가 2022년 11월까지 연장 가동을 승인했던 원전입니다. 해외에선 설비 보강을 거쳐 60~80년까지 연장 운영하는 원전이 다수인데 우리는 거꾸로 가는 겁니다.

정부가 탈원전(에너지 전환) 정책을 빠르게 추진하고 있다는 점은 부인하기 어렵습니다. 한국전력공사 적자 등 부작용도 상당 부분 여기서 비롯되고 있고요. 이게 아니라고 말한다면, 국정 기조인 소득 주도 성장 정책이 고용 부진 및 자영업 경기 침체와 무관하다고 이야기하는 것과 다르지 않습니다.

● 사용 후 핵연료 저장 시설 일부러 안 짓나

국내 60여 개 대학교수들의 모임인 '에너지 정책 합리화를 위한 교수 협의회(에교협)'가 긴급 성명을 발표했습니다. 경북 경주에 있는 월성 원전의 '사용 후 핵연료(고준위 방사성 폐기물) 건식 저장 시설' 14기를 당초 계획대로 건설하라고 촉구한 겁니다. 핵연료 저장 시설에 어떤 문제가 있는 걸까요.

에너지 전문가들로 구성된 에교협 집행부는 월성 원자력 본부를 방문했다고 합니다. 사용 후 핵연료 저장 시설을 둘러보기 위해서지요. 현장에서 살펴보고 깜짝 놀랐다고 합니다. 2010년 가동에 들어간 현재의 저장 시설(맥스터형)이 2021년 말 포화하는데, 정부가 14기 건설에 필요한 부지를 확보해 놓고도 7기만 건설한 채 사실상 방관해 왔기 때문입니다. 저장 시설 용량이 초과되면 200만 킬로와트 이상의 발전원이 상실될 수 있습니다.

건설 기간이 2년 정도 걸린다는 걸 감안할 때 나머지 7기를 서둘러 착공하지 않으면 캐나다형 중수로(CANDU)인 월성 2~4호기를 모두 멈출 수밖에 없습니다. 일각에선 "정부가 건설 결정만 내리면 되는데 반핵 단체들 눈치를 보면서 일부러 착공을 미루는 것 아니냐"는 의심을 하고 있습니다. 제때 착공하지 못할 경우 반핵 단체들의 열망대로 우리나라에서 저절로 '급격한 탈원전'이 실현되는 겁니다.

국내 유일한 중수로형으로 꼽히는 월성 원전 1~4호기의 경우 사용 후 핵연료를 재처리하면 무기화가 가능한 플루토늄을 얻을 수 있습니다. 20여 개에 달하는 나머지 경수로형과 확연히 다른 겁니다. 반핵·반전 단체들이 중수로형 원전의 조기 폐쇄를 줄기차게 주장해 온 배경 중 하나이죠.

더구나 월성 1호기의 경우 한국수력원자력이 2018년 6월 긴급 이사회를 열어 조기 폐지를 결정했습니다. 약 7,000억 원을 들여 안전 설비를 보강한 사실상의 새 원전을 폐기 처리했던 겁니다. 상업 가동을 시작한 지 35년만입니다. 해외에선 원전 수명이 최소 60~80년에 달합니다.

원자력계의 한 교수는 "현장에 가보니 한국수력원자력 직원 중에서도 중수로 원전의 운전면허를 따려는 사람조차 없더라"며 "직원 사기가 너무 떨어져 있었다"고 걱정했습니다. 사기 저하가 누적되면 안전 문제로 연결될 수 있습니다.

정부는 뒤늦게 사용 후 핵연료 관리 정책 재검토위원회를 출범시켰습니다. 안정적인 에너지 수급을 위한 핵심 결정들이 너무 늦지 않게 이뤄지길 바랍니다.

공기업이 원전 지속 건설의 중요성을 강조한 사연

국내 유일의 원자력 발전소 운영 회사인 한국수력원자력이 '국내 원전 건설의 중요성'을 강조했습니다. 투자자들에게 공개하는 사업보고서 공시를 통해서지요.

한국수력원자력은 원전 운영 회사이지만 대표적인 공기업 중 하나입니다. 문재인 정부가 2017년 출범 직후 공식화한 탈원전 정책에 반기를 든 적이 한 번도 없었습니다. 그래서 한국수력원자력의 공시 내용은 이례적으로 받아들여질 만합니다.

한국수력원자력이 사업보고서에 명기한 부분은 〈회사 현황〉의 '시장에서 경쟁력을 좌우하는 요인'에 나와 있습니다. "최근 신규 원전 시장은 미국, 프랑스, 일본 등 전통적인 원전 강국 외에 러시아와 중국의 강세가 두드러진다. 정부를 중심으로 국내 유관 기관과의 협력을 통해 수주 경쟁력을 제고해 나가는 것이 중요하다"고 적시했습니다. 또 "후쿠시마 원전 사고 이후 안전 요건 강화 및 발주국의 기술적 요구사항 고도화로, 자국 원전을 지속적으로 건설하고 안전하게 운영하는 경험과 기술력이 수주의 중요한 요소 중 하나가 되었다"고 했습니다. 즉 해외에서 원전 프로젝트를 따내려면, 먼저 자국(한국)에서 원전을 지속적으로 지어야 한다는 이야기입니다. 우리 정부의 탈원전 정책 기조와 배치됩니다.

한국수력원자력은 같은 공시에서 "원자력 발전은 낮은 탄소 배출량, 원재료 수급 안전성, 경제적인 발전 단가 등 많은 장점을 갖고 있다"며 "미국, 프랑스, 러시아 등 원전 대국은 미래 에너지 안보와 온실가스 감축 등의 이유로 원전 정책을 고수하고 있다"고 강조했습니다. 이어 "신흥 경제국의 에너지 수요 증가로 인해 새로운 원전 도입국도 생길 것"이라고 내다봤습니다. 역시 '원전을 없애는 게 세계적인 추세'라는 정부 설명과는 상반되는 표현들입니다.

사실 한국수력원자력의 이런 입장은 〈2018년 보고서〉부터 등장했습니다. 탈원전이 새 정부의 국정 과제가 된 이후입니다. 새 정부 출범 이전만 해도 이런 내용을 담을 필요가 없었습니다. 당시엔 "지속적 전력 수요 증가, 기후변화 협약 대응, 정부의 정책적 의지 등은 원자력 확대에 기회 요소로 작용하고 있다"며 "제2차 국가 에너지 기본 계획에 따르면 향후 원전 설비 비중을 29퍼센트까지 확대할 예정"이라고 적었습니다. "향후 에너지 안보와 경제적 에너지원 확보 차원에서 적정 원전 비중에 대한 논의가 더욱 활발해질 것"이라고 기대했고요.

한국수력원자력은 당시 "신한울 3·4호기까지 준공되면 우리나라 전력 수요의 안정적 공급에 기여할 것이다. 고유 기술로 개발한 독자적 APR 플러스 노형으로 천지 1·2호기를 건설하면, 우리의 선진 기술을 세계 시장에 입증하게 돼 해외에서 유리한 고지에 설 수 있다"고 기술했습니다.

한국수력원자력은 "안전성 및 신뢰성을 획기적으로 향상한

위기의 대한민국을 논하다

제4세대 원자로 및 핵융합로 개발 등에도 꾸준한 노력을 기울이 겠다"고 썼는데, 지금은 모두 공염불이 됐습니다. 신한울 3·4호 기와 천지 1·2호기는 물론 4세대 원자로 개발 등이 전부 백지화 됐기 때문입니다.

국내 원자력 발전의 경쟁력은 한국수력원자력이 공시한 전력 판매 단가에서도 확인됩니다. 보고서에 따르면, 2019년 기준으 로 원전의 평균 판매 단가는 킬로와트시당 55.88원이었습니다. 태양광 등 재생 에너지(159.37원)의 3분의 1, 수력 발전(113.46 원/킬로와트시)의 2분의 1에 불과합니다.

한국수력원자력이 긴 사업보고서의 중간쯤에 눈에 잘 띄지 않 게 넣은 '국내 원전 지속 건설의 중요성'에 대한 언급…. 세계 최 고 기술력을 갖고 있는 한국수력원자력의 달라진 위상을 보여 주는 것 같아 씁쓸합니다.

● **탈원전 진영 자문받고 설문 조사한 에너지정보문화재단**

산업통상자원부 장관은 국정 감사에서 "탈원전 정책에 반대하 는 국민 정서를 알고 있느냐"는 야당 의원들의 질의가 이어지자 "에너지 전환 정책에 대해 찬반 여론이 다 있는 것으로 알고 있 다"고 답했습니다.

수많은 여론 조사에선 탈원전 반대 의견이 훨씬 높게 나왔습니다. 다만 2019년 5월 한국에너지정보문화재단이 발표한 〈에너지 국민 인식 조사〉에서만 상반된 결과가 나왔지요. 산업부 장관이 찬반 여론이 팽팽하게 맞서는 것처럼 발언했던 건, 이 재단 조사 결과를 염두에 뒀기 때문으로 보입니다.

에너지정보문화재단이 실시했던 이 여론 조사가 지극히 편향된 데다 심지어 왜곡됐다는 지적이 나왔습니다. 에너지정보문화재단은 발표 당시 "국민의 84퍼센트가 탈원전 정책의 필요성에 공감하고 있다"는 보도 자료를 뿌렸습니다. 여론 조사 회사는 소규모 기업이었고, 전국 만 19세 이상 국민 1,000명과 원자력·석탄 발전소의 반경 10킬로미터 이내 지역 주민 2,880명 등 총 3,880명을 대면 조사한 결과라고 했습니다.

이 여론 조사 과정을 자세히 뜯어 보니, 설문 문항을 만들기 전 총 4명의 '전문가'에게 자문을 맡겼더군요. 자문 위원들은 예외 없이 탈원전을 주장하는 시민 단체 출신으로 확인됐습니다. 이들은 설문 조사 안을 세 번에 걸쳐 수정하면서 탈원전 정책의 필요성을 유도했습니다.

예컨대 A 위원은 설문 관련 의견에서 "여론 조사 결과에 대한 방향성이 불분명하다"며 "(일반 국민 대신) 차세대와 여성층 등 특정 그룹을 대상으로 조사하는 방안을 검토하라"고 주문했습니다. B 위원은 "에너지에 대해 일반적인 사항을 먼저 묻고 하위로 원전 문항을 배치할 필요가 있다"고 조언했고요. "탈원전이란 용어를 사용하지 말라"는 의견도 있었습니다.

위기의 대한민국을 논하다

이런 주문에 따라 여론 조사 문항은 '에너지 전환 정책이 세계적인 추세다' '에너지 전환은 안전하고 친환경적인 에너지로의 확대를 의미하고 새 일자리를 창출한다' 등 장점 위주로 나열한 뒤 "에너지 전환 정책에 대해 어떻게 생각하느냐"는 식으로 바뀌었습니다. 사실상 교육 수준의 여론 조사를 실시했다고 해도 과언이 아닙니다.

또 '에너지 전환 정책이 전기 요금에 미치는 영향'을 설문 문항에 포함했다가 자문 위원들이 "부정적인 결과가 나올 수 있다"고 반대하자 질문 자체를 삭제했습니다.

자문 위원들은 "관행대로 전화 설문을 하지 말고 1대 1로 대면 조사를 실시하라"고 조언했습니다. 대면 조사의 경우 조작 가능성이 있어 철저한 조사와 관리가 무엇보다 중요합니다.

총 3,880명이 작성했다는 설문지 중 일부를 검증해 본 결과, 상당 부분 의심스러운 점도 발견됐습니다. 일부 작성지의 서명이 매우 유사했던 겁니다. 'V' 표시와 동그라미 등 한 사람이 여러 장을 적은 흔적도 보였지요. 대면 조사 과정에서 조사원들이 결과를 조작했을 가능성이 있는 겁니다.

이 여론 조사를 실시한 에너지정보문화재단은 과거 '원자력문화재단'이었습니다. 새 정부 출범 직후였던 2017년 말 아예 기관명을 바꿨지요. 매년 실시해 온 '원자력 국민 인식 조사'란 이름도 '에너지 국민 인식 조사'로 변경했고요.

1992년 원전의 안전성을 홍보하기 위해 설립된 기관이 하루

아침에 '반(反)원전 나팔수'로 변신한 건 아이러니입니다. 이곳 이사장과 대표는 모두 탈원전주의자들이 맡고 있습니다.

에너지정보문화재단은 이번 설문을 위해 73명의 조사원을 동원했습니다. 투입된 예산만 1억 원에 달했지요. 국민들이 매달 납부하는 전기 요금에서 3.7퍼센트씩 떼 적립하는 전력산업기반기금에서 지원했다고 합니다. 앞으로 정권이 또 바뀌면 에너지정보문화재단은 "원전이 꼭 필요하다"는 설문 결과를 다시 내놓을 건지 궁금합니다.

결국 원전 수명을 연장할 수밖에 없는 이유 ●

한국경제연구원이 발표한 〈탈원전 정책의 경제적 영향〉 보고서에는 에너지 전환을 둘러싼 정부 주장이 맞지 않다는 사실이 담겨 있습니다. 정부는 "탈원전 정책에도 불구하고 2022년까지 전기 요금 인상 요인이 1.3퍼센트밖에 되지 않으며, 2030년엔 10.9퍼센트에 그칠 것"이라고 공언해 왔습니다.

연구원은 "정부 측이 태양광 등 재생 에너지 비용을 지나치게 낮게 계상하고 원전 비용은 부풀리는 식으로 왜곡했다"고 했습니다. 탈원전 및 재생 에너지 확대에 따른 균등화발전비용(LCOE · Levelized Cost of Energy)을 분석한 결과입니다. LCOE는 사회 · 환경적 부담을 모두 포함한 전력 생산 비용을 뜻합니다.

가장 현실성 있는 시나리오를 짜 보니, 국내 전기 요금이 2030년까지 25.8퍼센트 상승할 것이란 게 연구원의 전망입니다.

이 시나리오엔 전제 조건이 있습니다. 2030년까지 설계 수명이 1차 만료되는 원전 14기를 모두 재가동하는 겁니다. "에너지 전환 정책에 따라 노후 원전의 수명 연장은 없다"는 정부의 핵심 기조와 배치됩니다. 해당 보고서를 작성한 연구 위원은 "원전 수명을 연장하지 않을 경우 지금 추산보다 전기 요금이 훨씬 더 오를 것"이라며 "정부가 공언해 온 것과 달리 원전의 수명 연장은 불가피한 선택이 될 것"이라고 강조했습니다.

우리나라 원전의 설계 수명은 평균 40년입니다. 2019년 말 준공한 신고리 3·4호기의 경우 최신형이어서 설계 수명이 60년으로 좀 더 길지요. 수명 연장은 기본 20년 단위인데 미국에선 60년 가동은 물론 최근 들어 80년으로 추가 연장하는 추세입니다. 이와 달리 국내에선 2017년 6월 고리 1호기를 상업 가동 38년 만에 중단한 데 이어 2018년엔 월성 1호기를 35년 만에 조기 폐쇄했습니다.

연구원은 또 "정부가 30메가와트 이상 규모의 태양광 설비에서 2025년 '그리드 패리티(grid parity)'가 가능할 것으로 예측했으나 이런 설비를 구축하려면 39만 6,000제곱미터(12만 평) 이상 토지가 필요하다"고 했습니다. 현실성이 매우 떨어진다는 것이죠. 그리드 패리티는 재생 에너지가 경제성 측면에서 원전을 능가하는 현상을 의미합니다. "2025년이면 태양광 발전 단가가 원전보다 싸질 것"이란 정부 주장이 들어맞으려면 태양광 발전 설비를 엄청나게 큰 규모로 지어야 하는데(규모의 경제), 국내에 선 그만한 토지를 찾기가 어렵다는 게 연구원 측 설명입니다.

이 보고서가 공개되자 산업통상자원부가 발칵 뒤집혔습니다. 즉각 해명 자료를 내고 "한국경제연구원이 전기 요금 전망 모델로 LCOE를 사용했는데, 이는 신규 설비의 발전 원가를 분석하는 데 주로 쓰이는 지표다. 전기 요금 분석 방법으로는 적절하지 않다"고 강조했습니다. 또 "원전과 재생 에너지의 경제성을 임의로 과소·과대평가했다고 주장했으나 과거 공시 가격 기록 등을 참고해 합리적으로 산정했던 것"이라고 반박했습니다.

산업부 해명에 대해 해당 연구 위원은 이해하기 어렵다는 입장입니다. 그는 "정부 역시 LCOE 모형을 바탕으로 발전 단가 변화를 예상해 왔다"는 겁니다. 발전 비용엔 원가와 전력 시장 정산 비용, LCOE, 시스템 비용 등 여러 종류가 있는데, LCOE 분석이 전원 간 발전 비용 비교 분석에 최적이란 것이죠.

전기차 보급 확대 등에 따라 4차 산업 혁명 시대엔 전기를 더 많이 쓸 것으로 예상되는데도 정부가 연평균 전력 수요 증가율이 1.0퍼센트에 그칠 것으로 전망한 점도 이상하다고 했습니다. 이 연구 위원은 "지금도 탈원전 정책을 의식해 전력 수요 전망을 의도적으로 낮춘 게 아니냐는 의심을 사고 있는 상황"이라며 "정부가 기존 수요 전망을 틀리지 않게 만들려고 기업들을 대상으로 절전을 요구해 생산 차질이 빚어질 가능성도 있다"고 우려

위기의 대한민국을 논하다

했습니다.

정부가 해명 자료에서 "2017년 말 수립한 제8차 전력 수급 계획에서 2030년 LNG 비중을 18.8퍼센트로 예상했는데, 한국경제연구원은 이를 14.5퍼센트로 잘못 추산했다"고 적시한 내용도 고개를 갸우뚱하게 만듭니다. 발전 단가가 비싼 LNG 비중이 늘어날수록 전기 요금 인상 요인이 커지기 때문이죠. 이 연구 위원은 "정부 말대로 LNG 비중을 더 높이거나 원전 수명을 연장하지 않으면 전기 요금이 지금 추산치보다 훨씬 많이 오르는 것 아니냐"며 "정부가 무슨 이야기를 하려는 것인지 모르겠다"고 했습니다.

한국경제연구원이 예상한 '10년 후 전기 요금 26퍼센트 인상'은 어느 정도 수준일까요. KAIST의 한 교수는 "26퍼센트 오르는 전기 요금을 독일처럼 가정용에만 부담시킬 경우 가정용 요금이 지금의 3배가 되는 것"이라며 "만약 가정용 대신 산업용에 요금을 전가하면 우리나라 제조업이 경쟁력을 잃을 수 있다"고 경고했습니다. 한국전력공사가 공시한 '전기 요금과 한국전력공사 수익 산식'을 따르더라도, 26퍼센트의 요금 인상은 국민 부담이 한 해 13조 원가량 늘어나는 걸 의미합니다.

한국경제연구원과 정부 모두 "탈원전 정책에 따라 전기 요금 인상 요인이 발생한다"는 점에 대해선 의견을 같이하고 있습니다. 문제는 인상 시기와 인상 폭입니다. 어느 쪽 말이 좀 더 사실에 근접하는지는 조만간 가시화할 전기 요금 조정안을 보면 판단할 수 있을 듯합니다.

탈원전 핑퐁 게임… 월성 1호기 누가 폐쇄했나 ●

〈월성 1호기 경제성 평가 용역 보고서〉 초안이 공개된 뒤 후폭풍이 만만치 않습니다. 당초 "경제성이 높다"던 월성 원전 보고서의 숫자를 고친 뒤 멀쩡하던 원전을 멈춰 세운 꼴이기 때문입니다.

돌이켜 보면 국내 유일한 원전 운영 업체 한국수력원자력의 2018년 6월 15일 이사회는 정상적이지 않았습니다. 당시 이사회 개최 여부에 대해 전날 밤까지 아무런 예고가 없었고, 다음 날에도 장소가 기밀에 부쳐진 끝에 서울 강북의 한 호텔에서 기습적으로 열렸습니다. 공교롭게도 여당이 지방 선거에서 압승한 직후 열리면서 "정치적 결정이었다"는 비판이 나왔습니다. 당시 한국수력원자력 이사 13명 중 12명이 참석했고, 이 중 11명이 보고서 내용을 토대로 월성 1호기의 조기 폐쇄에 찬성했습니다. 끝까지 반대했던 사외 이사 한 명은 이사회 직후 사임했습니다.

당시 이사회에 참석한 이사들조차 한국수력원자력 측 설명만 들었을 뿐 보고서 초안과 수정본을 제대로 보지 못했다고 합니다. 경제성 분석의 오류를 들여다보기 어려운 상황에서, 당시 이사들이 거수기 역할만 수행했다는 지적을 피하기 어렵습니다.

월성 1호기를 계속 가동하는 데 문제가 없다는 건 공기업인

위기의 대한민국을 논하다

한국수력원자력 스스로 인정하는 부분입니다. 수년 전 약 7,000억 원의 안전성 강화 공사까지 완료했기 때문이죠. 일단 2022년 11월까지 운영한 뒤 추가 연장 여부를 다시 결정할 예정이었습니다. 이런 상황에서 한국수력원자력 이사회는 "월성 1호기를 계속 돌릴수록 회사 손실이 커진다"는 이유로 폐쇄 결정을 내렸던 겁니다. 수천억 원을 들여 정비를 끝마친 설비에 대해 "가동할수록 적자가 발생한다"는 논리를 들이대면 납득할 수 있겠느냐는 게 원전 전문가들의 설명입니다.

삼덕회계법인이 2018년 5월 10일 작성한 보고서 초안엔 "월성 1호기를 계속 가동하는 것이 1,779억 원 이익"이라고 돼 있습니다. 2022년까지만 가동하더라도 1,380억 원의 현금 유입이, 즉시 정지할 경우 399억 원의 현금 유출이 발생한다는 것입니다. 원전 이용률을 70퍼센트 수준으로 낮게 책정했는데도 이 정도의 막대한 수익 창출이 가능하다고 봤던 겁니다.

산업통상자원부와 한국수력원자력, 삼덕회계법인 간 3자가 보고서 초안을 검토한 뒤 각종 숫자가 바뀌었습니다. 월성 1호기의 이용률 전망치가 당초 70퍼센트에서 60퍼센트로, 전력 판매 단가가 킬로와트시당 60.76원에서 48.78원으로 각각 낮아졌습니다. 알 수 없는 이유로 경제성이 확 떨어진 겁니다. 이사회는 수정된 보고서(6월 11일 작성) 내용을 토대로 "(정부의) 최근 강화된 규제 환경에서 높은 이용률을 보장하기 어렵다"며 일사천리로 조기 폐쇄를 강행했습니다.

한 원자력 전공 교수는 "원자력 발전량 감소는 발전 원가 증가를 초래하기 때문에 향후 원전 이용률이 떨어질 것으로 전제했다면 발전 원가 역시 상승해야 한다"며 "보고서 수정본이 원자력의 전기 판매 단가를 발전 원가보다 낮게 책정한 것은 논리적으로 심각한 모순"이라고 지적했습니다.

사실 긴급 이사회 당시 한국수력원자력 사장이 의미심장한 말을 하기도 했습니다. 그는 "정부 방침에 따라 월성 1호기의 운명이 이미 결정된 상황에서 불확실성을 줄이기 위해선 서둘러 폐쇄하는 것 외에 방법이 없다. 이사회를 급하게 연 것은 전날 밤 조기 폐쇄에 따른 보상을 해주겠다는 산업부 공문을 받았기 때문이다"고 강조했습니다.

야당은 국정 조사를 요구했습니다. 국정 과제인 탈원전을 달성하기 위해 월성 1호기의 경제성 지표를 임의로 왜곡·조작했다는 겁니다.

문제가 커지자 책임 소재를 놓고 여러 기관 간 핑퐁 게임이 시작되는 모습입니다. 주무 부처인 산업부는 설명 자료를 내고 "한국수력원자력 및 회계 법인을 상대로 경제성 평가의 기준이나 전제를 바꾸라고 압력을 행사 또는 요청한 사실이 없다"며 "회계 법인은 객관적인 기준과 사실에 입각해 독립적으로 경제성 평가 입력 변수를 결정해 분석했다"고 강조했습니다.

월성 1호기의 조기 폐쇄를 결정한 보고서 작성에 산업부가 개입한 적이 없다는 겁니다. 보고서 초안을 놓고 한국수력원자력 및 회계 법인과 회의를 열기는 했으나 "회계 법인의 관련 기관 의견 청취에 (수동적으로) 응했을 뿐"이라고 했습니다. 보고서 내용에 대한 책임은 한국수력원자력과 회계 법인에 있다는 걸 분명히 한 겁니다.

다급한 건 한국수력원자력도 마찬가지입니다. 한국수력원자력은 별도 자료에서 "월성 1호기 경제성 평가의 객관성, 중립성, 신뢰성을 위해 외부 전문 기관에 의뢰했다. 한국수력원자력이 회계 법인에 평가 입력 전제를 바꾸라고 요구한 적이 없다. 회계 법인은 합리적 사실과 인터뷰, 실무자 확인 등을 거친 내용에 기초해 자체적으로 경제성을 평가했다"고 강조했습니다. 경제성 분석에 대한 책임은 작성자인 회계 법인에 있다는 걸 이야기하고 싶었던 듯합니다.

삼덕회계법인 측도 이런 논란을 예상했던 것 같습니다. 경제성 평가 보고서 도입부에 "경제성 평가 절차 및 범위에 대해 업무 요청자인 한국수력원자력과 '합의'했다. 회사가 제시한 자료를 바탕으로 경제성을 평가했다. 이 제시 자료에 대한 증빙 확인 및 외부 조회 등을 위한 어떠한 절차도 수행하지 않았다"고 명시했으니까요. 특히 보고서 수정본에선 '한국수력원자력이 제시한 자료를 바탕으로 경제성 평가 업무를 수행했다' 등 부분에 이례적으로 붉은색으로 강조 표시까지 해놨습니다. 이 내용만 보면 회계 법인에 책임을 묻긴 어려워 보이는 게 사실입니다.

탈원전은 국가의 에너지 백년대계에서 핵심적인 아젠다입니다. 전체 에너지 중 95퍼센트를 수입하는 우리나라 환경에서 이견이 많을 수밖에 없는 사안이기도 하지요. 이번 월성 1호기 보고서 수정 논란은 조기 폐쇄 결정이 탈원전이란 정치적 목적을 달성하기 위한 수단이 아니었느냐는 의구심을 키우게 했습니다.

감사원 감사에 이어 검찰 수사가 본격화한 것도 같은 맥락입니다. 일부 숫자를 임의로 수정해 막대한 혈세를 낭비한 정황이 속속 드러났기 때문이죠. 산업부와 한국수력원자력, 회계 법인 모두 자유롭지 않습니다.

3
탄력받는
환경 · 시민운동

● **저수지·임야 태양광 부작용엔 왜 눈 감나**

전국 저수지 수면 위에 태양광 발전소가 속속 건설되고 있습니다. 저수지 태양광은 민간 발전업체가 한국농어촌공사, 한국수자원공사 등으로부터 저수지나 댐을 임대해 발전소를 짓고, 수익을 내는 구조입니다. 태양광 발전소엔 정부 보조금이 꽤 많이 투입되기 때문에, 일단 짓기만 하면 손해를 보지 않을 거란 믿음이 있지요.

앞으로 저수지에 빽빽하게 들어찬 태양광 설비를 더욱 쉽게 볼 수 있을 것 같습니다. 정부가 탈원전 정책을 추진하면서 태양광과 같은 재생 에너지 설비를 대폭 늘리고 있어서지요. 원자력 발전소를 폐쇄할 경우 국가 전체 전력이 모자랄 수밖에 없는데, 이를 보완하기 위한 고육지책입니다. 소규모 원전 1기에 해당하는 1기가와트 전력을 생산하려면, 여의도 면적(약 90만 평)의 4.6배만큼 태양광 설비를 깔아야 합니다.

새 정부는 출범 직후 한국농어촌공사의 '농업생산기반시설 사용 허가 지침'을 개정했습니다. 골자는 저수지 태양광의 규제 완화입니다. 종전까지 저수지의 만수(滿水) 면적 대비 10퍼센트까지만 태양광 설비를 넣었을 수 있었는데, 이 규제를 없애면서 저수지 전체를 태양광으로 덮을 수 있게 됐습니다.

저수지에 '인공 설비'인 태양광 패널이 들어차면 수중 생태계는 크게 달라질 수 있습니다. 충분한 햇빛을 공급하지 못하기 때문이죠.

미관상 문제를 지적하는 주민도 많습니다. 아무래도 자연 풍광의 훼손은 불가피합니다. 중국산 태양광 모듈과 전지에 중금속이 포함돼 있어 수질에 악영향을 준다는 주장도 있습니다.

임야 태양광 역시 마찬가지입니다. 태양광 허가 면적이 해마다 급증하고 있습니다. '확정수익률 연 10~20퍼센트'라며 투자자를 꾀는 '태양광 기획 부동산'이 들불처럼 번지고 있는 게 배경 중 하나입니다. 혈세인 정부 보조금을 노린 투기꾼이 그만큼 많다는 방증입니다.

문제는 임야 태양광 발전 설비가 늘어날수록 환경 파괴를 피하기 어렵다는 겁니다. 태양광 설비를 구축하려면 수십 년 가꿔

온 나무를 뿌리째 뽑아야 합니다. 산사태와 토사 유출을 유발할 수 있습니다. 대규모 임야 태양광이 산림을 훼손하고 난개발을 부추기는 것이죠. 강원 철원, 경북 청도 등 태양광 시설에서 발생했던 산사태 도미노는 자연의 경고와 다름없습니다.

태양광이 '반드시 친환경적인 것은 아니다'란 사실을 이제 국민도 알아가는 것 같습니다. 오히려 환경 단체들의 침묵에 대해 궁금해하는 사람이 적지 않습니다. 무분별한 태양광 설비 확산에 대해 대표적인 환경 단체들은 흔한 논평 하나 낸 적이 없으니까요. 주요 환경 단체들은 오히려 태양광 창업·진흥 학교와 같은 자체 수익 사업을 확장하는 데 열을 올리고 있습니다.

환경 단체들이 '태양광의 그늘'에 대해 계속 침묵하는 진짜 배경이 궁금합니다.

● **지역난방공사 사장의 한숨… 답 없는 쓰레기 발전소**

한국지역난방공사 사장은 만나자마자 한숨부터 내쉬었습니다. 전남 나주의 'SRF(Solid Refuse Fuel) 발전소'를 놓고서지요. 이 발전소를 준공한 것은 2017년 하반기. 건설비로만 2,800억 원을 투입해 놓고서도 가동하지 못하고 있습니다. 이 발전소는 재무상 손상차손으로 이미 손실 처리됐고 지역난방공사를 부실 덩어리로 전락시켰습니다.

다 지어 놓은 발전소를 돌리지 못하는 건 나주혁신도시 내 일부 주민들의 반대 때문입니다. "SRF 발전소가 일반 쓰레기 소각장처럼 1급 발암 물질인 다이옥신을 배출할 수 있다"는 게 주민들의 주장이지요. 또 옆 동네(광주 및 전남의 시군) 쓰레기까지 가져와 태울 수 없다고 반발합니다. 주민들은 "쓰레기 발전소를 LNG 발전소로 바꾸라"거나 "준공된 발전소를 아예 철거하라"고 시위하고 있습니다. 지역난방공사와 범시민대책위원회, 산업통상자원부, 나주시 관계자들이 수차례 협의에 나섰지만 결론을 내지 못했습니다.

SRF 발전소는 기본적으로 쓰레기를 태우는 시설이 맞습니다. 다만 단순한 소각장이 아닙니다. 폐비닐과 생활 쓰레기를 에너지원으로 재활용하기 때문에 '쓰레기 소각'과 '전력 생산'의 두 마리 토끼를 잡는 대표적인 신재생 발전소입니다. 지역난방공사 사장은 "미세먼지 등 유해물질 배출 정도는 LNG와 거의 차이 나지 않을 정도로 친환경성이 강화됐다. 발암 물질 배출 등의 주장은 전혀 사실이 아니다"라고 설명했습니다.

이런 SRF 발전소는 나주를 포함해 전국에 스무 곳 넘게 건설됐습니다. 수년 전부터 가동하기 시작한 일부를 제외하고선 하나같이 파행을 겪고 있지요. 발전소 인근 주민들의 집단 반발이 커지자 문재인 정부 들어 관련 환경 규제를 강화했던 게 기폭제로 작용한 것 같습니다. 환경부는 2017년 9월 SRF 발전소 운영을 종전 신고제에서 허가제로 바꿨고, 대도시 내 가동을 금지했습니다. 이런 새 규제가 지역 주민들에게 "SRF 발전소는 유해시설"이란 인식을 심어줬습니다.

SRF 발전소 건립 논의를 시작한 건 노무현 정부 때입니다. 쓰레기 매립지가 포화 상태에 이르면서 효율적인 대안 시설로 주목받았습니다. 유럽, 일본 등에선 쓰레기 소각장이 배출하는 다이옥신이 사회 문제로 비화하자 SRF 발전소를 많이 건립했습니다.

쓰레기는 소각하지 않으면 쌓입니다. 더구나 우리처럼 좁은 영토엔 더 이상 매립할 곳도 없지요. 해외로 보내기는 더욱 어렵습니다. 필리핀에 밀수출했던 쓰레기를 우리 비용으로 되가져온 게 단적인 예입니다. 갈 곳 없는 불법 폐기물이 전국적으로 200만 톤 넘게 방치돼 있을 것이란 게 관련 업계의 추정입니다.

대안은 SRF의 환경 설비를 더욱 강화하고 지역 주민에게 더 많은 혜택을 부여하는 식으로 타협점을 찾는 겁니다. 지역난방공사 사장도 "SRF 발전소의 내부 시설에 추가 덮개를 씌워 냄새를 원천 차단하는 방안을 찾고 있다"고 했습니다.

지역 주민에게 전기와 열 요금을 깎아 주고 발전소 주변을 환경친화적으로 만들어 주민 편의시설로 개방하는 해외 사례를 참고할 수 있을 것 같습니다. 지역 갈등을 이유로 다 지어 놓은 발전소를 돌리지 못하는 건 사회경제적 낭비입니다.

'전기 요금 개편' 화끈하게 비판한 녹색당 ●

주택용에만 적용되는 전기 요금 누진제 개편안을 놓고 논란이 뜨거웠습니다. 국민 여론이 압도적이었던 '누진제 폐지' 대신 정부가 '여름철 전기 요금 인하' 카드를 꺼내 들었기 때문이죠. 해당 조치로 국내 1,500만~1,600만 가구가 매년 7, 8월 월평균 9천~1만 원씩 전기 요금 할인을 받게 됐습니다.

주택용 누진제 폐지는 완전히 물 건너가는 분위기입니다. '적자 기업' 한국전력공사는 매년 3,000억 원 가까운 요금 인하분을 떠안게 됐고요. 결국 한국전력공사 돈으로 전체 국민(약 2,000만 가구)의 약 70퍼센트에게 매년 두 달 동안 총 2만 원씩 나누어 주는 꼴이 됐습니다.

누진제 개편안에 대해 다양한 논평이 나왔는데, 가장 화끈하게 비판한 곳 중 하나가 녹색당이었습니다. 그동안 친정부 성향을 보여온 곳이어서 의외였습니다.

녹색당이 발표한 성명에는 원색적인 단어들이 많이 동원됐습니다. "전기 요금 개편 논의가 어이없는 임기응변과 선심성 정책으로 결론 났다. 두 달 동안 1만 원씩 요금을 깎아 주는 게 민생에 얼마나 보탬이 되나. 정략적 판단에 따라 기준도, 일관성도 없이 결정된 요금 할인은 국민을 우롱하고 얕잡아 본 것"이라고 했습니다. 그러면서 "(이번 대책이) 단편적이고 시혜적인 대책에 머문 것은 현 정권의 무능과 무책임을 적나라하게 보여준 꼴"이라고 강도 높게 비판했습니다.

녹색당은 또 "폭염에 에어컨은커녕 선풍기도 마음껏 틀기 어려운 사람들, 뙤약볕에 노출돼 일하는 노동자들, 단열이 안 돼 겨울엔 추위를 여름엔 더위를 온몸으로 견뎌야 하는 사람들, 이런 에너지 빈곤층에게 에너지 복지를 실효성 있게 강화해야 한다"고 주문했습니다.

사실 녹색당의 주장은 상당수 에너지 전문가와 보수 야당, 한국전력공사 소액 주주들의 생각과도 다르지 않은 겁니다. 원칙과 방향성도 없이, 다수 가구를 대상으로 매년 2만 원도 안 되는 요금을 깎아 주는 건 전형적인 포퓰리즘에 지나지 않기 때문이죠.

정작 전기 요금 할인 혜택을 봐야 할 저소득층은 이번 개편안에서 특정되지 못했습니다. 고소득 1, 2인 가구 등이 필수 사용량 공제(월 4,000원 할인)를 계속 받는 반면 저소득 다자녀 가구 등은 '냉방 요금 폭탄'을 맞는 불합리를 뜯어고치지 못했습니다.

정부가 주택용 누진제의 전면 폐지를 최종 선택하지 못했던 건 일부 가구의 요금 인상 우려 때문이란 시각이 많습니다. 누진제 폐지가 현실화하면 대다수가 고루 혜택을 보지만, 월 몇천 원이라도 전기 요금이 오르는 일부 가구가 필연적으로 생기게 되지요. 전기 요금의 평균값을 산출해야 하기 때문에 그렇습니다. 조금이라도 손해를 볼 수 있는 집단이 생기면, 여당 입장에선 표가 떨어질 수 있습니다.

주택용 누진제를 전면 폐지한 뒤 저소득층 및 에너지 빈곤층만 선별해 '에너지 바우처'를 늘리는 복지 확대로 접근했으면 어땠을까 생각해 봤습니다. 누진제 개편안 논의 과정에서 진짜 저소득층이 고려 대상에 포함되지 않은 부분은 두고두고 아쉽습니다.

소음·현수막 공해에 시달리는 행복도시 ●

어느 날 이른 아침부터 세종시 정부 청사 인근에서 귀를 먹먹하게 하는 노랫소리가 울려 퍼졌습니다. 한 노동조합에서 집회 차량 두 대에 대형 확성기를 설치한 뒤 민중가요를 줄기차게 틀었던 겁니다. 확성기는 공사 현장을 겨냥했지만 주변 공무원과 아파트 주민들이 고스란히 피해를 봤습니다. 소음은 수 킬로미터 밖에까지 퍼졌습니다.

경찰도 여러 번 출동했습니다. 현장을 찾은 경찰관은 "소음 피해를 호소하는 112 전화가 많이 걸려왔는데 측정 결과 기준치엔 미치지 못했다"며 "순간적으로 기준치를 넘기도 했지만 금방 소리를 줄였기 때문에 처벌할 방법이 없다"고 말했습니다.

관련법(집회 및 시위에 관한 법률)에 따르면, 업무 시간대 소음 유발 허용치(주거 지역 등 기준)는 65데시벨입니다. 10분 연속 이 기준을 넘을 때만 행정 조치를 취할 수 있지요. 9분 넘게 시끄러운 소음을 내더라도 순간적으로 낮추면 법망을 빠져나갈 수 있는 겁니다.

소음이 법적 허용치를 초과한다고 해서 바로 처벌할 수도 없습니다. 경찰은 '기준치 이하 소음 유지 명령'만 내릴 수 있지요. 이 명령을 재차 어기면 확성기 사용 중지를 명령하고, 이를 반복해서 어길 때에야 비로소 사법 조치를 취할 수 있습니다. 우리나라 법은 이렇게 집회 및 시위에 대해 매우 관대합니다.

이 경찰관은 "요즘 세종시에서 집회 소음 민원이 워낙 많아 국민권익위원회에 문의했지만 규제 허용치를 밑도는 이상 어쩔 수 없다는 회신이 왔다"고 했습니다. 소음 규제를 강화하는 법안이 국회에 몇 번 발의됐으나 일부 의원들의 반대로 무산됐습니다.

소음을 유발하는 이익 단체들도 이런 점을 잘 알고 있습니다. 현장의 노조 관계자는 "원청 건설업체가 갑질을 많이 해 확성기를 통해 시정을 요구하는 것"이라며 "실시간 소음을 측정하면서 음량을 조절하기 때문에 법적으로 문제 될 것이 없다"고 답했습니다. 그는 "요구 사항이 받아들여질 때까지 확성기 집회를 계속하겠다"고 했습니다.

행정중심복합도시(행복도시)인 세종시엔 정부 부처가 밀집해 있습니다. 이익 단체·시민 단체들의 항의 집회가 끊이지 않는 배경이지요. 고용노동부 앞에 설치된 '집회 천막'만 해도 2년 넘게 똑같은 자리를 차지하고 있습니다. 주변에 어린이집과 유치원까지 몇 곳 있는데도 말입니다. 공무원들은 우스갯소리로 "여기 아이들은 동요보다 민중가요를 먼저 배운다"고 합니다.

소음만이 아닙니다. 불법 현수막도 문제입니다. 정부 청사 울타리마다 더 이상 놓을 수 없을 정도로 현수막이 촘촘하게 붙어 있습니다. 이중, 삼중으로 부착하기도 합니다. 사유 재산이었다면 소유주가 벌써 떼어 내고 고발 조치했을 겁니다.

옥외광고물관리법에 따르면, 지정 게시대 이외의 모든 곳에 설치된 현수막은 불법입니다. 선거 기간 등 예외적인 경우가 있지만 매우 제한적이지요. 신고하지 않고 현수막을 설치하면 500만 원 이하(장당 25만 원)의 과태료에 처해질 수 있습니다. 현수막을 설치한 사람(설치를 요구한 사람 포함)에게 부과하는 방식입니다. 단속 권한 및 의무가 있는 지방 자치 단체가 노조 등 이익 단체를 자극하지 않으려고, 또 인력이 부족하다는 이유로 손을 놓고 있을 뿐입니다.

도를 넘는 소음 유발과 불법 천막 설치, 현수막 시위 등은 선진국의 정부 청사 주변에선 보기 힘든 광경입니다. 중앙 부처 공무원들도 공권력을 제대로 사용하지 못하는 상황에서, 소음과 현수막 공해를 묵묵히 감내해야 하는 일반 시민들 심정은 어떨까요.

특혜 요구하며 한국전력공사 본사까지 점거한 시위대 ●

한국노총 및 민주노총 소속 한국도로공사 요금 수납원들이 경북 김천시 도로공사 본사를 점거한 것은 2019년 9월이었습니다. 비정규직의 정규직 전환 정책에 따라 5,000여 명의 톨게이트 근로자를 자회사 정규직으로 전직시켰는데, 임금과 복지 수준이 더 나은 본사 소속으로 바꿔 달라는 게 농성의 골자였지요.

여당 중재로 도로공사가 직접 고용을 확대하기로 결정하면서 일부는 농성을 풀었습니다. 톨게이트 중 상당수가 '하이패스(자동화 구간)'로 바뀌는 과정이었는데, 결과적으로 수납원들의 일자리를 지켜주려 하이패스를 늘리는 게 쉽지 않게 됐습니다. 도로공사뿐만 아니라 고속도로 이용자에까지 직접적인 영향을 끼치는 겁니다.

이런 일이 반복됐기 때문일까요. 전남 나주시의 한국전력공사 본사도 부지불식간에 시위대에 점거당하는 일이 벌어졌습니다. A장애인협회는 한국전력공사 본사의 로비를 기습 점거했습니다. 한국전력공사는 국가 전력 공급을 책임지는 주요 산업 시설로, 보안 유지가 매우 중요합니다. 본사 로비가 외부 세력에 점거당한 건 2014년 나주 혁신도시 이전 후 처음입니다.

이 단체가 요구했던 건 수의 계약이었습니다. 한국전력공사가 갖고 있는 폐전선과 고철 등 불용품을 매각할 때 수의 계약 방식으로 자기 협회에 달라는 것이죠. 한국전력공사는 "국가계약법에 따라 법적 테두리 안에서 진행해야 하고 장애인 단체 등에 가산점을 주더라도 입찰 절차만큼은 거쳐야 한다"는 입장이었습니다.

더 큰 문제는 점거 농성의 방식이었습니다. 본사에 근무하는 한국전력공사 직원은 "시위대가 회사 로비에서 수시로 목탁을 두드리고 삼겹살이나 생선을 조리해 먹고 있다. 일부러 화장실 대신 로비에서 공개적으로 일을 보기도 한다. 건물 내에서 담배를 피우고 있는데 엄연한 불법 아닌가"라고 호소했습니다. 한국전력공사 본사와 같은 대형 건물 안에서 흡연하면, 1995년 제정된 국민건강증진법에 따라 처벌 대상이 됩니다.

경찰이 상주하고 있는데도 누구 하나 제지하지 않은 채 뒷짐만 졌다는 게 이 직원의 이야기입니다. 이에 대해 나주 경찰서 관계자는 "한국전력공사 본사 농성엔 처음에 30여 명이 참여했다가 지금은 숫자가 조금 줄었다"며 "강제 퇴거가 불가능한 것은 아니지만 민감한 부분이 있다"고 말했습니다. 또 "한국전력공사 본사에서도 공식적으로 퇴거 집행 요청을 하지 않은 것으로 알고 있다"고 했지요.

한국전력공사 경영진 역시 쉬쉬하고만 있을 뿐 이렇다 할 대책을 내놓지 못했습니다. 막연히 이 단체가 스스로 점거 농성을 풀 때까지 기다리고 있던 거지요. 본사 직원들은 자괴감 속에서 시위대를 피해 건물을 출입해야 했습니다.

대화와 협상의 자리를 '떼법 시위'가 대신하는 게 일상화됐지만 누구도 책임 있게 나서지 않았습니다.

● 원전이 암 유발했다는 건 오류라는 학술 논문

〈원전 옆에 살았더니 온 가족이 암에 걸리고 장애〉. 수년 전 공개된 한 연구 보고서(안윤옥 서울대 교수팀)를 바탕으로 쏟아졌던 기사 제목 중 하나입니다.

해당 연구진은 당시 '원자력 발전소 주변에 사는 여성의 갑상샘암 발생률이 다른 지역보다 2.5배 높았다'는 결과를 내놨습니다. 교육과학기술부(현 과학기술정보통신부)가 1991년 12월부터 2011년 2월까지 20년간 원전 주변 지역 1만 1,367명과 대조 지역 2만 4,809명 등 총 3만 6,176명을 대상으로 벌였던 역학 조사를 근거로 했습니다. 다만 결론에선 "원전과 암 발병 사이에 인과 관계를 입증할 수 없다"고 했습니다. 원전 주변 지역의 갑상샘암 발병률이 높았던 것은 맞지만 이것이 원전 때문인지 단정할 수 없다는 것이죠.

또 다른 연구 보고서(최진수 전남대 교수팀)에선, 전남 영광 원전 주변 지역 거주민들의 갑상샘암 발생률이 다른 전남 지역 대비 2~5배, 전국 평균과 비교하면 3배 이상 높았다고 했습니다.

이런 연구 결과를 놓고 전문가 그룹, 시민 단체, 정치권 등에서 갑론을박이 이어졌습니다. 반핵 의사회 환경운동연합 등은 "원전 주변에 갑상샘암 발병률이 통계적으로 유의미하게 높았다. 원전 종사자의 염색체 이상 빈도 역시 높아 문제가 있다"고 강조했지요. 원전 주변 주민들은 청와대 앞에서 '주민들의 이주

비용을 지원하라'며 시위에 나섰습니다. 탈원전 정책의 주요 근거 중 하나로도 활용됐습니다.

그런데 원전 주변의 높은 갑상샘암 발생률이 원전 때문이란 주장은 설득력이 없다는 분석이 최근 나왔습니다. 조영중 씨가 작성한 〈문헌 및 미디어에 나타난 한국에서의 갑상샘암 과잉 진단에 대한 실태 및 의미〉 논문에 따르면, 영광 원전 주변의 갑상샘암 발생률이 다른 지역에 비해 높았던 건 조사 시점에 조기 검진을 대거 시행했던 영향이었습니다. 즉 당시 영광군 내에는 초음파 기기를 활용해 갑상샘암을 조기 검진한 내과가 두 곳 있었는데, 이곳에서 '아무런 증상이 없던 갑상샘암 초진' 환자를 집중적으로 찾아냈다는 게 논문의 골자입니다.

갑상샘암 급증이 과잉 검진의 결과라는 건 여러 논문에서 어렵지 않게 확인할 수 있습니다. 한국의 갑상샘암 환자 발병률은 세계 평균의 10배나 되지만, 인구 10만 명당 0.7명인 갑상샘암 사망률은 세계 평균 수준에 그치지요. 별 의미 없는 갑상샘암 검진이 많았다는 방증입니다. 2014년 안형식·김현정 고려대 교수팀이 발표한 〈한국 갑상샘암의 검진과 진단율〉이란 논문이 세계적인 의학지 《뉴잉글랜드 저널 오브 메디신》에 실렸는데 "한국에선 갑상샘암 조기 검진 또는 과다 검진이 불필요한 수술과 처방을 유도하고 있어 제도적으로 막아야 한다"고 썼습니다.

갑상샘학회에선 초음파 검사 등으로 발견된 0.5센티미터 미만의 작은 혹에 대해선 추가 검사조차 필요 없다고 강조합니다.

하지만 의료보험 시스템이 잘 구축돼 있는 우리나라에선 작은 물혹조차 통째로 들어내는 수술이 잦습니다. 불필요한 수술로 인해 평생 갑상샘 호르몬제를 먹거나 부갑상샘 기능 저하 등 부작용에 시달리는 사람이 많다는 게 안 교수팀의 보고서 내용입니다.

이 보고서엔 더욱 흥미로운 결과도 있습니다. 갑상샘암만이 아닌, 전체 암을 대상으로 했을 경우 원전 바로 옆에 거주하는 사람들의 발병률이 오히려 낮았던 겁니다. 원전 주변 지역 남성의 암 발생률은 903.8이었지만, 대조군인 먼 지역 남성의 발병률은 1,092.6으로 집계됐습니다. 여성의 암 발병률 역시 원전 주변 540.7, 대조군(먼 지역) 560.9로 확인됐고요. 원전 종사자의 경우 전체 8,671명 중 207명에게서 암이 발생했는데, 대조군(9,030명 중 298명 발병) 대비 50퍼센트 가까이 적은 숫자였습니다. 이를 놓고 '호메시스 효과(독성이 있는 물질이라도 소량을 사용하면 오히려 생리 활동 촉진 등 긍정적인 작용)'가 아닌지 연구해볼 필요가 있다는 의견이 제시됐습니다.

과학적 사실은 일정 시간이 지난 뒤 재평가되는 경우가 적지 않습니다. 재판 결과에도 영향을 주지요. 원전에서 7.6킬로미터 떨어진 곳에서 20년간 거주하다 온 가족이 암 질환을 앓게 됐다는 이 모 씨는 2012년 "원전 때문에 암이 발병했다"며 한국수력원자력을 상대로 손해 배상 청구 소송(일명 균도네 소송)을 냈습니다. 당시 1심은 "원전과 박 씨 가족의 질병 사이에 상관관계가 있는 것으로 보인다"며 원고에게 1,500만 원을 배상하라고 판결했습니다. 당시 일본 '후쿠시마 원전 사태'의 영향이 있었을 것이란 이야기가 나왔습니다.

그러다 2심에서 뒤집혔습니다. 항소심은 "원전 인근 주민의 피폭선량이 규제치인 연간 1밀리시버트에 못 미치고, 한국수력원자력이 방사선 피폭을 일으켰다는 증거도 없다"며 기각했지요. 과학이 해야 할 일이 아직 많습니다.

원자력연구원 폐쇄 주장하는 환경 단체 공포 마케팅　●

환경운동연합, 참여연대, 대전탈핵희망 등 환경·사회단체로 구성된 '탈핵시민행동'이 "한국 원자력연구원을 폐쇄하라"고 주장했습니다. 1959년 설립 후 60년 이상 대한민국 원자력 기술력의 상징이 돼온 원자력연구원을 해체하라니 무슨 일일까요.

배경은 원자력안전위원회가 공개한 원자력연구원의 방사성 물질 방출 사고였습니다. 원자력안전위원회는 2020년 1월 연구원 내 자연 증발 시설에서 세슘 137, 세슘 134, 코발트 60 등 핵종방사성 물질이 외부로 유출됐다고 밝혔습니다. 대전에 위치한 원자력연구원 정문 앞 토양에서 평균 방사능 농도의 59배인 1킬로그램당 25.5베크렐의 세슘(반감기 30년)이 검출됐다고 합니다. 시설 주변 하천 토양에선 최고 138베크렐이 검출됐고요.

원자력안전위원회는 연구원 내 배수 시설이 과학기술정보통신부로부터 승인받은 설계와 다르게 설치·운영됐기 때문이라고 발표했습니다. 연구원이 30여 년간 외부 배관으로 연결된 지하 바닥 배수탱크(600리터짜리)를 설치해 이용해 왔다는 겁니다. 탈핵시민행동은 "자칫 대전을 후쿠시마로 만들 수 있었다. 원자력연구원이 더 큰 사고를 치기 전에 해체해야 한다"고 촉구했습니다.

지역 단체와 진보 정당 등으로 구성된 '핵재처리실험저지 30킬로미터연대'도 "원자력연구원의 모든 연구를 당장 중단하고 주민들에게 세슘이 방출됐음을 공지하라. 인근 주민들에 대한 건강 역학 조사를 실시하라"고 강조했습니다. 이번 방사성 물질 유출이 대전 시민들의 암 발병 등에 미친 영향을 조사하라는 겁니다.

사고 경위와 사실관계는 이렇습니다. 원자력연구원 내 자연 증발 시설에 있던 방사성 물질이 외부로 방출된 것은 팩트입니다. 자연 증발 시설은 연구원에서 나온 극저준위(리터당 185베크렐 이하) 방사성 액체 폐기물을 저장한 뒤 자연 증발시키는 설비입니다. 이곳 지하에는 외부 배관으로 연결된 바다 배수탱크가 있는데, 이것이 당초 설계도에 없던 시설이란 것이죠. '환경' 개념이 미약했던 1990년 8월부터 사용했던 것으로 보입니다. 다만 방사성 물질을 상시 방출한 것은 아닙니다.

CCTV 영상 및 재현 실험 등을 통해 방출량을 전수 조사해 보니, 필터를 교체한 뒤 밸브를 과도하게 개방한 상태에서 미숙한 운전으로 2층 집수로에서 일시 용수가 넘쳤던 것으로 확인됐습니다. 당시 외부에 누출된 방사성 물질이 포함된 액체 폐기물은 약 510리터였지요.

원자력안전위원회는 이를 근거로 1990년 이후 약 30년 동안 매번 운전 종료 때마다 방사성 폐기물이 유출됐을 것으로 판단했습니다. 그 양은 연간 470~480리터로 봤습니다. 원자력연구원 내 운전자들은 그동안 바닥 배수탱크가 별도로 설치돼 있다는 사실도 인지하지 못했지요.

원자력연구원이 바닥 배수탱크가 설치돼 있는지조차 몰랐던 건 큰 오점입니다. 이에 대해선 원자력연구원이 공지한 대로 책임 소재를 따지고 재발 방지 대책을 세우면 됩니다.

핵심은 외부로 유출됐다는 방사성 물질이 얼마나 위험한가입니다. 원자력연구원을 폐쇄하고 인근 주민을 대상으로 전수 역학 조사를 실시해야 할 정도로 중대한 일인지 따져 봐야 하기 때문이죠.

전문가들은 대전을 후쿠시마에 비교하는 건 "말이 안 되는 일"이라고 합니다. 방사성 물질이 방출된 대전 원자력연구원 정문 앞이라고 해도 매우 안전하다는 것이죠. 사실 그렇기 때문에 탈핵시민행동도 여기서 기자 회견을 했을 겁니다.

원자력안전위원회가 밝힌 '킬로그램당 최고 138베크렐에 달했던 방사성 세슘 농도'는, 우리나라 강원도나 제주도에서 상시 측정되는 수준에 불과합니다. 역시 대전에 위치한 KAIST의 원자력공학과 교수는 "킬로그램당 100크렐 정도의 방사능 농도는 전국 각지에서 자주 발견되는 수준"이라며 "지난 30년간 누출로 주민들이 받은 피폭은 최고 0.27마이크로시버트여서 자연방사선 피폭 1~2시간 분량에 불과하다"고 설명했습니다. 또 "멸치 한두 마리를 먹을 때의 방사성 폴로늄 자연 피폭량과 비슷한 정도인 만큼 위험성을 논할 필요조차 없다"고 했습니다.

일반인들은 베크렐 농도에 익숙하지 않습니다. 환경 단체들이 "방사능 농도가 최고 138베크렐"이라며 호들갑을 떨면 '체르노빌'이나 '후쿠시마'를 연상할 수 있지요. 얼마나 위험한지에 대한 기준을 잘 알지 못하기 때문입니다.

우리나라 어디를 다녀도 최소 시간당 0.1~0.2마이크로시버트(1밀리시버트의 1,000분의 1) 정도 방사선율은 측정됩니다. 한국원자력안전기술원이 직접 운영하는 '지역별 방사선 준위'를 보면, 서울의 방사선량은 시간당 0.1~0.2마이크로시버트가 상시 나옵니다. 평균적으로 도쿄의 두 배 수준입니다. 다만 서울과 도쿄 모두 거주하기엔 안전하지요.

방사선은 언제 어디에나 있습니다. 인체에도 초당 7,000개 정도의 방사선이 발생한다고 합니다. 불안정한 핵이 안정 상태의 핵으로 바뀌면서 나오는 게 방사선인데, 불안정한 핵은 자연계에 널리 분포하기 때문이죠. 우리가 사는 주택이나 일터에도 있습니다. 이런 걸 무시한 채 과도한 공포를 조장하면, 이에 편승

한 정치권이 전혀 엉뚱한 대책을 내놓을 수 있습니다.

비과학이 과학을 이기도록 해선 안 됩니다.

4
재생 에너지의
그늘

● **폭발 사고로 쑥대밭 됐는데 수소충전소 확대 가능할까**

산업통상자원부 장관이 관용차인 '수소 전기차'를 타고 세종시에서 경기 판교까지 이동했습니다. 중간에 수소차 충전소가 있는 안성휴게소에 들렀지요. 수소 충전 방법과 안전 관리 현황 등 설명을 듣는 모습을 촬영해 자신의 페이스북에도 올렸습니다. 장관 표정이 무척 밝았습니다.

페이스북에는 "수소차는 유해 가스를 전혀 발생시키지 않고 물만 배출하는 친환경 차다. 2040년까지 수소 승용차를 620만 대 생산해 세계 시장 점유율 1위를 달성하겠다. 수소충전소도 전국에 1,200개로 확대하겠다"고 썼습니다.

장관 표정이 확 달라지기까지 그리 오래 걸리지 않았습니다. 강원 강릉시의 강원테크노파크에서 수소탱크가 폭발했기 때문이죠. 정부는 그동안 "상당한 외부 충격이 가해져도 수소탱크는 폭발할 수 없다"고 누차 강조해 왔습니다. 장관은 이튿날 새벽 6시에 긴급 간부 회의를 열었고 부랴부랴 강릉 현장으로 이동했습니다.

산업부 장관은 수소탱크 폭발 현장을 방문한 자리에서 철저한 원인 규명을 약속했습니다. 페이스북에는 "철두철미한 원인 조사와 보완 방안을 마련해야 한다. 조속히 사고를 수습하고 대책을 내놓겠다"고 강조했지요.

강릉 수소탱크 사고가 각계의 이목을 끌었던 건, 수소 폭발의 위험성을 대중에게 단단히 각인시키는 역할을 했기 때문입니다. 폭발 직후 건물 전체가 쑥대밭이 됐고, 퇴근 시간대 이후였는데도 사상자가 8명 발생했습니다. 폭발음은 7~8킬로미터 떨어진 곳에서도 들렸다고 합니다. 작은 수소탱크(400세제곱미터) 하나가 터졌을 때의 위력이 국민 불안을 자극했습니다.

'수소 경제 활성화'를 미래 먹거리로 내세우던 정부엔 비상이 걸렸습니다. 국회는 물론 도심 곳곳에 수소충전소를 대거 설치하려던 계획이 지역 주민들 반발에 부딪칠 수 있어서지요.

산업부는 "이번 폭발 사고는 R&D 실증 과정에서 예외적으로 발생했는데, 실제 운용되는 수소충전소만 놓고 보면 전 세계적으로 사고 기록이 없다. 또 일반 충전소의 경우 국제 규격에 따

위기의 대한민국을 논하다

라 안전하게 설치되고 있다"고 강조했습니다. 다만 "사고 원인
은 더 조사해봐야 확실하게 밝힐 수 있다"는 입장을 보였죠.

전문가들은 "수전해 등 수소 기술이 아직 충분히 확보되지 않
았기 때문에 수소 기술이 안전하다고 100퍼센트 자신할 수 없
다"고 했습니다. 사고가 난 수소탱크 역시 R&D 과제 완료 후 완
성품에 가까운 제품이었죠. 1,000시간의 시험 가동 후 정식 운
영에 들어갈 예정이었는데, 400여 시간 만에 터진 겁니다. 만약
근로자가 많았던 낮 시간대에 폭발했다면, 또는 정식 운영 단계
에서 터졌다면 사상자가 8명에 그치지 않았을 겁니다.

정부는 태양광·풍력 등 재생 에너지를 저장하는 ESS 화재 문
제로 골머리를 앓고 있습니다. 이번 수소탱크 폭발로 또 하나의
짐을 떠안게 됐습니다. ESS 화재와 수소탱크 폭발이 신재생 에
너지 확대를 밀어 붙이는 과정에서 발생한 안전사고는 아니었는
지 진지하게 돌아봐야 할 것 같습니다.

● **안전 기준 없이 ESS 화재 연속됐는데 왜 사과 없나**

정부세종청사에서 열린 ESS 화재 관련 기자 간담회의 취재 열
기가 어느 때보다 뜨거웠습니다. 단기간 20번이 훌쩍 넘는 화재
가 발생한 데다 정부의 재생 에너지 확대 정책에도 중대 변수가
될 수 있는 사안이기 때문이죠.

19명의 전문가로 구성된 조사위는 5개월 넘게 화재 원인을 분석했습니다. 별도로 인증시험기관 전문 인력 90여 명에게 의뢰해 총 76차례의 실증 실험도 진행했지요.

ESS는 태양광·풍력 등 재생 에너지 발전엔 필수 장치입니다. 해가 뜰 때만, 또 바람이 불 때만 전력을 생산할 수 있는 재생 에너지 특성 때문에 에너지를 담아 두는 별도 설비가 꼭 필요한 겁니다. '에너지'로 가득 차 있는 ESS의 경우 화재 발생 후 1분 40초면 걷잡을 수 없이 커집니다. 불길의 주변 확산을 막을 골든 타임이 2분이 채 안 되는 겁니다. 건물 안에 ESS가 설치됐을 경우 대형 사고로 이어질 위험이 크다는 이야기입니다.

조사위가 밝힌 화재의 주요 원인은 부실한 설치·관리였습니다. 배터리 셀 자체의 불량을 일부 확인했지만 "직접적인 화재 원인은 아니다"라는 게 조사위 결론입니다. "일부러 불량품을 만든 뒤 180회 이상 실험했는데도 화재로 이어지지 않았다. 다만 일부 부실 제품이 간접적인 원인이 됐을 수 있다"고 했지요.

국내산 배터리의 세계 시장 점유율이 80퍼센트에 달하는 상황에서 ESS 화재가 유독 국내에서만 발생하고 있는 건 배터리 셀이 아니라 시스템통합(SI) 등 유지·관리 문제란 뜻입니다. 해외에서 발생한 국내산 배터리 셀의 화재 사고는 미국 애리조나 주 등 일부에 국한됩니다. 국내 SI 업계에 소규모 영세 업체가 난립해 있다 보니 이런 문제가 생겼다는 설명입니다.

조사위는 ESS 화재의 원인으로 네 가지를 지목했습니다. (배터

위기의 대한민국을 논하다

리 셀이 아닌) 배터리 보호 시스템의 결함, 수분·먼지 등 관리 미흡, 설치 때 결선 등 부주의, 부품 간 통합 관리 부재 등이었지요.

상당수 국민은 재생 에너지 발전을 확대하는 데 반대하지 않습니다. 문제는 단기간에 급속히 늘릴 때 생기는 역작용이죠. 어찌 보면 최저 임금 인상 문제와 비슷합니다. 최저 임금 인상 자체는 자연스러운 경제 현상 또는 정책 방향이지만, 2년간 한꺼번에 30퍼센트(주휴 수당을 포함하면 훨씬 높음)나 올리면 완전히 다른 문제가 됩니다.

2016년만 해도 신규로 설치한 ESS는 총 207메가와트시였습니다. 정부 지원책이 집중되자 2017년 723메가와트시, 2018년 3,632메가와트시로 급증했지요. 2017년에 3.5배, 2018년에 5배나 뛴 겁니다. 2016년만 해도 74곳에 불과했던 ESS 사업장은 2018년 말 947곳으로 약 13배 늘었습니다. 2017년 7.6퍼센트이던 재생 에너지 비중을 2030년까지 20퍼센트로 늘리겠다는 정부의 '재생 에너지 3020 이행 계획'이 결정적인 영향을 끼쳤던 것으로 보입니다.

ESS가 마구잡이 식으로 설치되는 과정에서 기준이나 표준이 없었습니다. 태양광·풍력 등 재생 에너지 발전 설비의 특성상 바닷가나 산지 등에 많이 들어서기 때문에 온도와 습도 조절이 중요한데, ESS에 특화된 안전 기준이 마련되지 않았지요. 대형 화재 사고에 대비하기 위한 옥내외 설치 규정, 방화벽, 이격 거리 등 기준도 충분하지 않았고요. 연속적인 ESS 화재가 일종의 인재(人災)였다는 지적이 나오는 배경입니다.

ESS 화재 원인 및 대응 방안 간담회에서 정부가 이 부분에 대해 사과하거나 유감 표명을 하지 않은 점은 아쉬운 대목입니다. 단기간 수없이 반복됐던 화재를 '정책 사고'로 볼 수 있는지, 이에 대한 입장이 무엇인지 질문이 나왔지만 답변을 유보했지요. 이 질문 후 오히려 정부가 "어떤 측면에선 배터리 제조업체가 총괄 책임을 져야 한다고 생각한다"고 발언했던 건, 일종의 책임 떠넘기기로 들릴 소지가 있습니다.

이번 사고 조사위를 이끌었던 민간 전문가는 이런 말을 했습니다.

"전기나 자동차가 위험하지만 잘만 다루면 유용하지 않나. ESS 분야의 경우 전 세계에서 최초로 시도했던 게 많은데, 운영 관리나 설치 기준 등 제도 자체가 없었던 점이 많이 아쉬웠다."

국내외서 잇따라 나온 수소 경제 과속 경고음　　●

문재인 대통령이 노르웨이를 방문해 수소 경제 관련 협약을 맺었습니다. 노르웨이가 수소 생산 및 공급망 부문에서 세계에서 앞선 나라이기 때문이죠. 우리나라는 '2040년 세계 1위 수소 강국' 달성을 국가 비전으로 제시해 놓은 상태입니다.

문 대통령의 순방 기간 중 현지에선 곤혹스러운 일이 발생했습니다. 수도 오슬로 인근 수소충전소가 돌연 폭발했던 겁니다. 이 사고로 현지인 2명이 부상을 입었고 노르웨이는 즉각 10여 곳의 충전소를 폐쇄했습니다. 사고 원인은 오리무중이지요.

수소 경제를 화두로 제시했던 우리나라뿐만 아니라 수소차 업계에도 커다란 충격을 줬습니다. 폭발 위험이 사실상 '제로'일 것으로 여겼는데 그렇지 않다는 점, 수소탱크 폭발이 주변을 초토화할 정도의 위력을 갖고 있다는 점에서지요. 전 세계에서 운영되고 있는 수소충전소는 모두 370곳에 불과합니다. 이 중 한 곳에서 사고가 났으니 확률상 낮은 것도 아닙니다.

국내에서도 비슷한 일이 있었습니다. 강원 강릉에서 실증 실험 중이던 수소탱크가 폭발해 인근 건물들에까지 큰 피해를 줬지요. 퇴근 시간 이후에 사고가 터지지 않았다면 사망자가 두 명에 그치지 않았을 겁니다.

사실 수소 자체는 위험하지 않습니다. 이 분야의 세계적 권위자인 강정구 KAIST 신소재공학부 교수에 따르면, 수소는 산소와 결합하지만 않으면 가장 안정적인 분자 구조를 갖고 있습니다. 우주에서 가장 풍부하고 에너지 밀도 역시 높지요. 현재 생산되는 수소탱크는 700바(bar)의 압력을 견딜 수 있는데, 안전 기준이 이보다 훨씬 낮기 때문에 이 기준만 제대로 지키면 폭발 위험은 거의 없는 게 사실입니다.

한국과 노르웨이에서 발생했던 사고는, 저장 효율 때문에 상당한 수준까지 압축했던 수소가 어떤 원인에 의해 비정상적으로 산소와 결합했던 데 기인했을 개연성이 높습니다.

두 번의 수소탱크 폭발 사고는 ESS 화재를 떠올리게 합니다. ESS는 남은 전력을 모아뒀다 필요할 때 꺼내 쓰도록 만든 장비인데 태양광·풍력 등 재생 에너지 발전엔 필수입니다. 우리나라에선 2017년 5월부터 2년여간 20차례 이상 화재가 발생했고, 전체 설비의 30~40퍼센트 가동을 5개월 넘게 중단시켜야 했지요. 전 세계 신규 설비의 3분의 1이 우리나라에 설치됐을 정도로 과속했던 게 사고 도미노로 이어졌다는 지적이 있었습니다.

정부는 수소 경제 선도국으로 발돋움한다는 목표 아래 수소충전소를 2022년까지 310곳으로 대폭 확대할 계획입니다. 2040년엔 1,200곳으로 늘리기로 했지요. 수소차 외에 수소 선박, 수소 열차, 수소 드론, 수소 건설 기계 등으로 수소 기술을 전방위로 적용하기로 했습니다.

수소 경제는 누구도 가보지 않은 길입니다. 무한한 청정에너지 기술을 우리나라가 선도한다는 건 의미 있는 일이죠. 하지만 안전이 최우선돼야 합니다. 더욱이 우리나라 수소충전소는 노르웨이와 달리 도심 한가운데 상당수 들어설 겁니다. 단 한 번이라도 폭발하면 돌이킬 수 없는 사고로 이어지고, 수소 경제의 동력 자체를 상실할 수 있습니다. 탈원전 선언 후 지속적으로 확대되고 있는 대체 에너지 산업 자체가 타격을 받을 수 있습니다.

"답이 없다."

2019년 말 경남 김해시에 있는 태양광 발전 설비의 ESS가 또다시 터지자 정부와 업계는 '멘붕'에 빠졌습니다. 수개월에 걸친 원인 조사와 함께 재발 방지를 위해 막대한 비용을 투입했는데도 백약이 무효인 셈이 됐기 때문이죠.

ESS는 태양광이나 풍력 등 재생 에너지로 생산된 전기를 저장했다가 필요할 때 내보내는 장치입니다. 날씨에 따라 전력 생산량이 들쭉날쭉한 재생 에너지의 단점을 보완할 수 있어 정부가 보조금까지 주며 설비를 확대해 왔습니다. 탈원전 대신 내세우는 '재생 에너지 3020 이행 계획(2017년 기준 7.6퍼센트였던 재생 에너지 비중을 2030년까지 20퍼센트로 확대)' 목표를 달성하기 위해선 반드시 필요합니다. 2016년 274개뿐이었던 ESS 설비가 2018년 전국적으로 1,490개로 급증했던 배경이죠. 전 세계에서 가장 빠른 속도입니다.

2017년 8월 전북 고창에서 시작된 ESS 화재는 국내에서만 30건 가까이 발생했습니다. 민·관 합동 사고조사위원회가 "화재 원인이 복합적(정확한 원인은 파악 불가)"이라고 발표한 뒤 여러 방지책을 내놓았지만 그 후에도 추가 화재가 5건 넘게 발생했습니다.

정부의 대책 발표 후에도 ESS 화재가 잇따르자, 2차 사고조사위원회가 소집됐습니다. 이번엔 정부 측이 빠졌습니다. 민간 차원에서 조사한 뒤 스스로 대책을 마련하라는 취지입니다. "아무리 노력해도 원인을 알 수 없다"는 사실을 정부도 깨닫게 된 겁니다. 주무 부처인 산업통상자원부 관계자는 "민간 위주 조사단이 화재 원인을 찾는 중"이라며 "LG, 삼성 등 배터리 제조업체들이 적절한 조치를 강구하고 있는 것으로 안다"고 했습니다.

문제는 제조업체들도 답답하긴 마찬가지란 겁니다. LG화학, 삼성SDI 등 배터리 업체들은 "차라리 배터리 문제라는 결론이 명쾌하게 나면 전부 리콜하고 재발 방지 대책을 세우겠다"고 하소연합니다.

배터리 업체들은 ESS 사업주들을 대상으로 최대 70퍼센트까지만 가동하도록 안내한 뒤 그 손실분에 대해 자체 보상해주고 있습니다. 삼성SDI와 LG화학이 이번 ESS 화재와 관련해 마련해 놓은 대응 비용만 각각 2,000억 원 안팎으로 알려져 있지요. 그런데도 불확실성에 따른 손실은 눈덩이처럼 커지고 있습니다.

특히 충남 예산에서 발생했던 태양광 ESS 화재는 제조업체들을 망연자실하게 만들었다고 합니다. LG화학 측이 사고 직전 배터리 셀을 100퍼센트 점검·교환했고 전력변환장치(PCS)까지 일일이 검증하는 등 만반의 대비를 했기 때문이죠. 그런데도 결국 화재를 막지 못했던 겁니다. LG화학 관계자는 "최소한 예산의 ESS 장치에선 화재가 안 날 것이라고 확신했다. 화재 보고를 받고 진짜 멘붕이 왔다"고 말했습니다.

똑같은 배터리를 사용하고 있는데 해외 ESS 사업장에선 화재가 발생하지 않는 반면 유독 우리나라 설비에서만 연달아 불이 나는 점도 미스터리입니다. 단순히 특정 배터리 문제로 치부할 수 없다는 겁니다.

그러는 사이 ESS 화재에 대한 국민 불신은 커지고 있습니다. 백화점과 지하철역, 대형 병원, 대학, 경기장, 대형 쇼핑몰, 도서관, 극장 등 전국 다중 이용 시설에 ESS가 상당수 설치돼 있기 때문이죠. 에너지로 꽉 차 있는 ESS 특성상 일단 불꽃이 튀면 순식간에 주변으로 번지고, 진압 장비를 총동원해도 전소될 때까지 불이 꺼지지 않습니다. 다중 이용 시설에서 가동하는 ESS는 언제든 대규모 사망 사고를 부를 수 있는 시한폭탄과 같습니다.

재생 에너지 보급을 최우선했던 정부는 ESS 화재가 잇따르자 한 발 빼는 모습입니다. 1차 때와 달리 2차 사고조사단에 참여하지 않은 것도 같은 이유입니다. 민간단체 'ESS 생태계 육성 통합 협의회' 관계자는 "1차 조사 및 대책 발표 후에도 ESS 화재가 끊이지 않자 정부가 상당히 당황해했다"고 귀띔했습니다.

전국의 1,000개 넘는 ESS 사업장 중에서 '70퍼센트 충전 제한' 등 비상 안전 조치를 이행하고 있는 곳은 10퍼센트에도 미치지 않고 있습니다. ESS 사업주 입장에선 낮 시간 태양광 패널로 생산한 전력을 조금이라도 더 저장해야 수익을 낼 수 있기 때문이죠. 열 곳 중 아홉 곳에선 언제 사고가 터져도 이상할 게 없습니다.

"왜 뒷산 밀고 태양광 설치하나" 분통 터진 주민들 ●

해변을 끼고 있는 전남 고흥군 남성리의 풍광 좋은 어촌 마을이 확 달라지고 있습니다. 마을을 포근하게 감싸던 야산이 거대한 민둥산으로 바뀌고 있기 때문이죠. 태양광 발전 사업이 이곳에서도 빠르게 진행되고 있습니다.

이곳의 태양광 사업은 3개 필지에 걸쳐 총 2메가와트 규모입니다. 지방 자치 단체 조례에 따르면, 민가에서 100미터 이상 떨어져 있지 않으면 태양광 설비를 넣을 수 없습니다. 하지만 여기선 현지인 거주 주택에서 불과 50여 미터 떨어졌는데도 태양광 사업이 착착 진행되고 있지요. 어떻게 된 일일까요.

고흥군청에 확인한 결과, 고흥군 태양광 사업자는 '태양광 시설 이격 조례'가 개정되기 전 허가를 미리 받아놨기 때문에 법적 문제가 없다고 합니다. 고흥군청 관계자는 "서류를 확인해 보니 태양광 사업자가 5년 전쯤 땅을 매입해 발전 설비 허가를 받아 놨는데, 허가 당시 이격 거리 기준은 '100미터 초과'가 아닌 '50미터 초과'여서 법적 문제는 없다"며 "과거 사업자가 주민들 반대로 사업을 제대로 추진하지 못하고 땅을 팔아버렸는데 새 사업자인 외지인이 이번에 개발에 나선 것"이라고 설명했습니다.

고흥군의 관련 조례는 2017년 6월 10일 개정됐습니다. 이 시점을 전후로 종전 50미터였던 이격 거리 규정이 100미터로 확대됐던 건 사실입니다.

법적 문제가 없다고 해서 주민들 걱정까지 사라진 건 아닙니다. 총 100여 가구가 거주하는 남성리 주민들은 멀쩡했던 뒷산을 밀고 대규모 태양광 설비를 들여놓는 데 크게 반발하고 있습니다. 더욱이 마을이 상습 침수 지역에 자리 잡고 있어 산을 깎아내는 데 대한 걱정이 크다고 합니다.

공사 전 마을 주민을 대상으로 설명회를 열어야 하는 지자체 조례를 어겼다는 점, 경사도가 25도 이하일 때만 태양광 설비를 넣을 수 있는데 지자체 확인 절차를 무시했다는 점, 설비가 무너질 경우 공사지에서 150여 미터 떨어진 바지락 양식장으로 토사가 유입될 수 있는 점, 배수구조차 만들지 않은 채 공사를 강행하고 있는 점 등도 문제로 꼽힙니다. 마을 주민들은 지속적인 항의 집회를 계획하고 있고요.

현지 태양광 설비(2메가와트)가 지자체 허가 기준을 넘어서는 점도 따져 봐야 할 부분입니다. 산지에 태양광 단지를 조성할 경우 규정상 1메가와트를 넘어선 안 됩니다. 산림 파괴를 막기 위한 최소한의 장치이죠. 고흥군청 관계자는 "발전 설비가 2메가와트인 게 사실이지만 3명이 3개 필지로 각기 나눠 신청했기 때문에 법적으로는 문제가 안 될 것 같다"고 설명했습니다. 실질 소유주가 누구냐와 관계없이, 명목상 사업 시행자가 다른 것으로 돼 있어 괜찮다는 겁니다.

제보자인 마을 주민 나 모 씨는 "주민 동의 없이 벌목 공사를 해선 안 된다고 군청에서 설명했는데도 갑자기 공사가 시작됐다"며 "펜션을 운영하거나 바지락 양식에 종사하는 주민들로선 하루아침에 날벼락을 맞은 것"이라고 하소연했습니다.

주민 반대가 거센데도 태양광 공사가 일사천리로 진행되는 데 대해, 지자체가 중앙 정부 눈치를 보는 것 아니냐는 지적이 나옵니다. 고흥군청 관계자는 "태양광 사업은 에너지 전환 정책이란 정부 시책에 따라 진행하는 것 아니냐"고 했습니다.

산림청에 따르면 2018년에만 축구장 3,300개 규모인 2,443만 제곱미터의 숲이 사라졌고 그 자리를 임야 태양광 발전소가 차지했습니다. 신규 태양광이 많이 들어선 지역은 전남 18.3퍼센트, 전북 17.0퍼센트, 충남 14.0퍼센트, 경북 12.7퍼센트 등 자연환경이 상대적으로 잘 보전된 곳입니다.

고흥군의 어촌 마을에서 진행되는 태양광 개발업자와 주민들 간 갈등. 태양광 발전을 둘러싸고 전국적으로 속출하고 있는 잡음의 축소판입니다.

위기의 대한민국을 논하다

IV

국제·무역

1

흔들리는
수출·통상

"소수점 세 자리라니···" 의심스러운 정부 통계 ●

산업통상자원부는 2018년 7월 이례적인 보도 자료를 내놨습니다. 매달 1일 발표하는 수출입 동향 내역인데, 전달 수출 실적이 '-0.089퍼센트'라고 돼 있었습니다. 일반적으로 월별 수출 실적은 소수점 한 자리까지만 표기합니다. 예컨대 수출 증가율 4.2퍼센트, -2.7퍼센트 등으로 쓰지요. 소수점 세 자리까지 표기하는 건 드문 일입니다.

이 자료를 배포한 산업부 담당자는 "수출 실적을 집계해 보니 0.1퍼센트만큼 줄지 않았더라. 소수점 이하 '0' 앞에 유효숫자(0이 아닌 숫자)가 나오지 않아 할 수 없이 이렇게 썼다. 소수점 세

자리까지 표기한 것은 이번이 처음이다"고 하더군요.

의문은 여전합니다. 이럴 경우 쉽게 '-0.1퍼센트'라고 반올림해서 표기하면 되니까요. 사실 종전까지는 그렇게 해왔습니다.

산업부에선 당해 월별 수출 실적이 두 번이나 역성장했던 게 부담스러웠던 듯합니다. 우리 경제의 생산·투자·소비 등 각종 지표는 모두 악화일로를 보였습니다. 실업률 역시 최악을 기록했죠. 유일하게 버팀목 역할을 해준 게 수출이었습니다. 수출마저 무너지면 경기 침체가 본격화하는 신호탄으로 보일 수 있습니다. 어떤 식으로든 수출 하강세로 보이지 않는 게 중요하다고 정부 당국자들이 판단했을 겁니다.

이런 노력의 흔적이 다른 곳에서도 보인다는 지적이 나옵니다. 월별 수출의 잠정치와 확정치 간 차이가 작지 않게 발생하고 있어서죠. 산업부과 관세청은 바로 전달의 수출 실적 잠정치를 매달 1일 발표합니다. 보름쯤 후 확정치가 나오면, 언론에 내보내지 않고 자체 통계로만 사용하죠. 보름 후 나오는 숫자가 가장 정확합니다.

산업부는 당해 2월 수출 증가율이 전년 동기 대비 4.0퍼센트를 기록했다고 했습니다. 3월 1일 발표한 잠정치였죠. 보름 후 슬그머니 통계 사이트(KSTAT)에 올린 확정치는 3.3퍼센트였습니다. 통계상 0.7퍼센트포인트라는 큰 편차가 발생했던 겁니다.

이후에도 비슷했습니다. 3월 수출 증가율 잠정치가 6.1퍼센트로 발표됐는데 실제 뚜껑을 열어보니 6.0퍼센트였지요. 4월엔 잠정치와 확정치가 각각 -1.5퍼센트로 같았지만 5월 또다시 13.5퍼센트(잠정치)와 13.2퍼센트(확정치)로 달라졌습니다. 결과적으로 매번 언론이 주목하는 잠정치 실적을 부풀린 셈이 됐습니다.

산업부 측은 "우리는 관세청 통관 서류를 바탕으로 집계를 낼 뿐 구체적인 숫자 작업은 그쪽(관세청)에서 한다"고 했습니다. 산업부 내부적으로는 수출 실적이 줄어들까 비상이 걸린 상태였습니다. 진작부터 마이너스를 보일 것으로 예상됐기 때문이죠.

수출을 독려하기 위해 민·관 간담회를 수차례 열었습니다. 무역보험 확대 등 금융 지원에도 나섰고요. 담당자들 사이에선 "월별 수출을 무조건 플러스로 맞춰야 한다"는 압박이 있었다고 합니다. 당해 6월의 수출 실적이 '-0.089퍼센트'라는 특이한 숫자로 귀결된 배경이기도 합니다.

결국 6월의 수출 확정치도 보름 후 공개됐습니다. 다수 언론이 주목하지 않았으나 잠정치보다 훨씬 나쁜 '-0.4퍼센트'였지요. 언론에 발표하는 수출 통계를 정부가 매번 '마사지'하는 게 아니냐는 의심이 나올 수밖에 없습니다.

국방부 군인들은 왜 자동차 통상회의에 참석했나 ●

발등에 불이 떨어졌습니다. 글로벌 통상 전쟁을 둘러싼 우리 처지를 놓고 하는 말입니다. 미·중 무역 분쟁이 세계 통상 전쟁으

위기의 대한민국을 논하다

로 확산하고 있지요. 수출로 먹고사는 우리나라로선 불똥이 어디로 튈지, 또 어디까지 파급이 미칠지 가늠하기 어렵습니다.

정부가 잇따라 민·관 합동회의를 열었던 것도 대응 전략을 마련하자는 차원이었습니다. 어느 날 서울 종로의 무역보험공사에선 하루 두 시간 간격을 두고 잇따라 수출 회의가 열렸습니다. 매우 이례적이었죠.

특히 두 번째 '미 자동차 232조 관련 민·관 합동 태스크 포스(TF) 회의'는 한·미 간 자동차 통상 분쟁에 초점을 맞춘 협의 채널이었습니다. 주무 부처인 산업부는 물론 외교부, 기획재정부 등 각 부처, 현대자동차그룹, 한국GM, 르노삼성, 쌍용자동차, 한국자동차산업협회, 자동차부품협동조합 등 자동차 산업 관계자들이 두루 참석했지요.

회의장 한쪽에 특이한 제복을 입은 관계자들이 앉아 있더군요. 바로 국방부였습니다. 군인들이 이 자리에는 왜 왔을까요. 배경은 미국 무역확장법 232조에 있습니다. 무역확장법은 1962년 제정됐지만 거의 사문화됐던 법입니다. 이 법률 232조에는 '외국산 수입품이 미국의 국가 안보를 위협한다고 판단되면 수입을 제한하거나 고율의 관세를 매길 수 있다'고 쓰여 있습니다. 도널드 트럼프 미국 대통령은 '미국 우선주의(America First)' 기치 아래 보호 무역 정책을 펴면서 이 232조를 부활시켰습니다. 외국산 철강 및 알루미늄에 각각 25퍼센트 및 10퍼센트의 관세를 부과했던 게 대표적입니다. 미국은 이 232조를 자동차 및 자동차 부품에 확대 적용하겠다고 엄포를 놓았습니다.

우리 기업들로선 당황스러울 수밖에 없습니다. '미국에 자동차를 판매한 게 미국 안보를 위협했다'는 황당한 논리에 대응해야 하니까요. 우리 정부와 자동차 업계는 일찌감치 미국 정부에 232조에 따른 관세 부과의 부당성을 서면으로 전달했습니다. 워싱턴DC에서 열린 관련 공청회에도 민·관 대응팀을 파견했고요.

우리 국방부가 수출 회의에 참석했던 것도, 자동차 관세 부과가 안보와 직결돼 있다는 미국 측 주장 때문입니다. 산업부에 따르면 미국이 232조를 발동하기 위해선 '특정 수입품이 국가 안보를 위해한다'는 미 국방부 장관의 의견이 첨부돼야 합니다. 미 국방부와 상시 협의 채널을 구축해 놓고 있는 한국 국방부가 분쟁 해결의 한 축을 맡을 필요가 있다는 겁니다. 산업부 관계자는 "한·미 양국이 오랫동안 안보 분야에서 혈맹 관계를 맺어왔다는 점을 미국에 적극 어필해 주면 좋겠다"고 말했습니다.

그런데 국방부는 자동차 통상 분쟁에 대해 절실함을 느끼지 않는 듯 보입니다. 각 부처에서 국장급 이상 고위 간부가, 민간 기업 및 협회에선 임원들이 수출 대응 회의에 참석했는데 국방부만 하급 실무진을 보냈더군요.

미국은 국내 자동차 업계로선 가장 큰 해외 시장입니다. 전체 수출의 3분의 1을 차지하고 있지요. 자동차 및 부품에 대한 고율 관세(25퍼센트)가 현실화하면, 한국 완성차 업체들의 수익이 악화하는 것은 물론, 현지 생산 확대로 국내 실업자도 양산될 겁니다. 국방부가 안이하게 생각한 건 아닌지 아쉬움이 남았습니다.

● 일본 수출 규제 확대 속 '한 방' 없는 한국

"일본 정부가 한국을 상대로 경제 보복 조치를 취할 것"이란 내용이 알려진 건 2019년 6월의 마지막 날이었습니다. 자국 경제지인 산케이 신문 보도를 통해서지요. 처음 이 기사를 접했을 때 반신반의했습니다. 한·일 관계가 역대 최악이란 평가가 나왔으나 일본이 실제 수출 규제에 나설 경우 양국 경제에 끼치는 파장이 워낙 컸으니까요.

정부 부처 여러 곳에 "가능성 있는 시나리오냐"고 물었으나 제대로 답변을 듣지 못했습니다. 한국 정부는 일본에서 어떠한 사전 통보도 받지 못했습니다. 일본은 산케이 신문 보도 이튿날 '무역 전쟁'을 공식 발표했고 3일 후 개시했습니다. 발표와 거의 동시에 실행에 착수한 겁니다. 사전에 차근차근 준비했다는 의미입니다.

일본 정부가 1차 수출 규제에 나선 품목은 우리 기업들의 급소 격입니다. 거의 전적으로 일본에 의존할 수밖에 없는 반도체·디스플레이 핵심 소재들이기 때문이죠. 반도체는 우리 산업의 대들보입니다. 국가 수출의 20퍼센트 이상을 차지하고 있지요. 디스플레이 역시 주력 수출 품목입니다. 일본산 소재가 없으면 반도체 수출이 차질을 빚을 수밖에 없습니다.

일제 강제 징용 피해자 배상, 위안부 피해자 합의 문제 등 양국 정부가 시작한 '정치적 갈등 이슈'에 대한 피해를 애꿎은 기업과 국민이 보게 된 셈입니다. 산업통상자원부 등 경제 부처가 대응에 나섰으나 한계가 분명합니다. 카운터파트는 일본의 개별 부처가 아니라 아베 신조 총리 등 최고위급이었기 때문이죠. 산업·통상을 담당해 온 정부 관료는 일본의 이번 조치가 일회성이 아닐 것으로 내다봤습니다. 한국 정치에 대한 일본 지도자들의 불만이 심각할 정도로 크다는 것입니다.

일본의 다음 타깃으로는 반도체 장비를 꼽았습니다. 반도체 장비는 우리 기업들의 또 다른 급소입니다. 미국, 독일 등 대안 생산국이 있지만 일본이 본격적인 수출 규제에 나설 경우 국내 최대 산업이 전대미문의 위기를 맞을 수 있습니다. 일각에선 반도체 소재보다 장비 수출 금지가 더 큰 타격을 줄 것으로 예상합니다.

일본의 세 번째 수출 제한 품목으로는 정밀 기계를 꼽았습니다. 일본은 고도의 제조업 강국입니다. 우리보다 제조업 역사가 두 배 이상 깁니다. 정밀 가공 기계의 수출을 제한하면, 우리 뿌리 산업이 흔들릴 수 있습니다.

문제는 우리가 반격할 카드가 별로 없다는 겁니다. 일본이 수출 규제 카드를 꺼내 들었을 때도 우왕좌왕하다 "세계 무역 기구(WTO) 제소를 검토하겠다"고 했을 뿐입니다. WTO에 제소해도 결론을 내기까지 2~3년 걸리는 데다 결과가 우리한테 유리할 것이란 보장도 없습니다. 당정이 반도체 등 핵심 소재 및 장비 개발에 매년 1조 원을 집중 투자한다고 밝혔지만 사후약방문일 뿐입니다.

우리도 맞대응해야 한다는 여론이 커졌습니다. 문제는 마땅한 대응 카드가 없다는 겁니다. 우리가 일본에서 수입하는 건 핵심 소재·장비 등 대체하기 어려운 품목들인데, 우리가 일본에 수출하는 건 소비재나 농수산물 위주이기 때문이죠. 일본에 안 팔면 우리만 손해입니다.

도요타자동차, 유니클로 등 일본 제품에 대한 불매 운동 움직임이 일었지만 효과를 기대하기 어렵습니다. 도요타는 전 세계적으로 연간 1,000만 대씩 판매하는데, 국내에서 파는 건 1만~2만 대 수준입니다. 도요타 본사 입장에선 우리나라 소비자들이 불매 운동에 나서도 '핵심 이익 훼손' 사안으로 판단하지 않을 겁니다. 도요타나 유니클로에 고용된 국내 근로자들만 힘들어지겠지요.

일본으로 가는 여행 수요를 제한하자는 이야기도 마찬가지입니다. 코로나19 사태 직전만 해도 일본 여행을 떠나는 한국인이 한 해 750만 명에 달했습니다. 한국에 오는 일본인 대비 3배 정도 많았지요. 또 정부가 주도적으로 여행 제한 조치를 취하는 건 현실적으로도 불가능합니다. 우리나라는 중국이 아니니까요.

이번 갈등은 정치 문제에서 비화했습니다. 단초를 제공한 청와대와 외교부가 적극 나서서 풀어야 합니다. 경제 부처인 산업부에 떠넘길 일이 아닙니다. 양국 국민이 감정싸움에 몰입하고 기업들이 망가질 때까지 강 건너 불구경해선 안 됩니다.

미국 전술 그대로 본뜬 일본 총리 ●

한·일 간 경제 갈등의 진행 양상을 보면 도널드 트럼프 미국 행정부 출범 이후부터 불꽃을 튀겨온 미·중 무역 분쟁의 데자뷔를 보는 듯합니다. 묘하게 닮은 점이 한둘이 아니기 때문이죠. 아베 신조 전 일본 총리가 트럼프 대통령의 협상 전술을 그대로 따라 했다는 인상을 지울 수 없습니다.

트럼프는 2018년 3월 중국을 상대로 모두가 설마 했던 무역 전쟁을 전격 개시했습니다. 관세 부과 카드를 꺼내 들기 전까지 미국이 G2의 한 축인 중국을 직접 겨냥할 것으로 내다본 사람은 많지 않았지요. 엄청난 후폭풍이 예상됐기 때문입니다.

일본이 한국을 상대로 수출 규제 조치에 나선 것도 1965년 한·일 협정 체결 후 처음입니다. 사전 징후가 없었던 것은 아니지만 매우 전격적이었기 때문에 허를 찔린 셈이 됐습니다. 우리로선 차분하게 대응할 여유가 없었습니다.

미국과 일본이 각기 규제에 나서게 됐던 근거를 명확하게 제시하지 않은 것도 공통점입니다. 트럼프는 중국의 불공정한 무역 관행을, 아베는 신뢰 훼손 및 부적절한 사안을 각각 보복 조치의 배경으로 내세웠습니다.

그러다 국가 안보를 무역 규제 시행의 또 다른 원인으로 설명했던 부분도 유사합니다. 미국은 중국 통신 장비업체 화웨이에 대해 "간첩 행위 가능성이 있고 이 기업 배후에 중국 정부가 있다"고 의심합니다. 일본이 "핵무기 전용 가능성이 있는 전략 물자를 한국이 북한으로 유출했을 수 있다"고 주장하는 것과 다르지 않습니다. 국가 안보는 각국의 핵심 이해관계가 얽힌 사안이어서 언제나 예민한 주제이죠. 제3국 간섭을 차단하는 효과도 있습니다.

시차를 두고 상대방을 압박한 트럼프의 전술 역시 아베가 답습했던 듯합니다. 트럼프는 점진적으로 관세 인상 품목을 늘리고, 세율을 높이는 방법을 썼습니다. 일단 협상 시한을 정해 놓은 뒤 자신의 제안이 받아들여지지 않으면 실제로 실행에 옮겼지요.

아베 역시 초기에 고순도 불화수소 등 반도체 핵심 소재 수출을 제한한 데 이어 추가 조치로 한국을 화이트 리스트(수출 절차 간소화 국가)에서 제외했습니다. 일본에 의지할 수밖에 없는 1,100여 개 수입 품목이 영향을 받게 된 겁니다.

무역 전쟁을 불사한 미국과 일본의 움직임에는 '상대에 대한 두려움'이 깔려 있다고 보는 게 일반적입니다. 미국은 글로벌 패권을 꿈꾸는 중국을, 일본으로선 제조업 선두로 치고 올라오는 한국을 견제해야 할 필요성이 있습니다. 증권가에서 "일본 규제는 글로벌 반도체 산업에서 한국을 견제하려는 조치로 해석할수 있다. 비메모리 반도체를 중심으로 한 정보기술(IT) 경쟁에서한국이 앞서는 것을 막기 위한 전략적 규제일 수 있다"고 해석한것도 같은 맥락입니다.

배경이야 어찌 됐든 한국은 현실적으로 유리한 위치에 서 있지 못합니다. 일본과는 경제 발전의 수준과 규모에서 작지 않은차이가 나기 때문이죠. 미국을 상대로 잇따라 화해 제스처를 보낼 수밖에 없는 중국과 다르지 않습니다. 국제 무대의 현실은 엄혹합니다.

결과적으로 한·일 무역 갈등은 단기간 내 풀리지 않을 것이란게 상당수 전문가들의 분석입니다. 한국 정부가 미국에 'SOS'를치고 있으나 미국으로선 직접 개입하기가 껄끄럽기 때문입니다.빠른 시간 내 한·일 갈등이 자연스레 해소될 것이란 시각은 지나친 낙관론입니다.

일본 내 이상 기류… 경제 보복보다 큰 그림 있나 ●

"일본 내 분위기는 마치 개전(開戰) 전야와 같은 분위기다. 한국이 머지않아 원래대로 돌아갈 것으로 안이하게 생각하는 것 같아 더 두렵다."

위기의 대한민국을 논하다

지인이 일본 내 재일교포 학자에게서 전달받았다는 내용입니다. 일본 안에서 돌아가는 상황이 이상하다는 겁니다. 표를 얻으려는 정치인들의 불장난처럼 보이지 않기 때문이죠. 이 학자는 또 이렇게 말했습니다.

"좋지 않은 분위기가 생긴 건 이미 오래전입니다. (한국에 대한 일본 정부의 강경한 조치들이) 일본 국민의 광범위한 지지를 얻고 있습니다. 일본은 미국 도움을 받아 개헌 준비를 서두르고 있고요. 마치 한국과의 전쟁을 준비하는 것 같습니다. 19세기 말 한반도를 노리는 상황과 비슷합니다."

일본에서 학생들을 가르치는 또 다른 한국인 교수가 전한 내용은 조금 더 직설적입니다.

"일본의 대(對)한국 수출 규제는 미국의 동조 아래 진행됐다는 의견이 지배적입니다. 일장기와 태극기를 동시에 걸고 사업하던 기업들은 갑자기 은행에서 원금 회수 압박을 받고 있습니다. 한국인 교수들은 주요 직책에서 좌천되거나 다음 학기 강의가 없어졌습니다. 한 일본인 교수는 '정부에서 지침이 내려왔다. 당분간 한국에 가 있으라'는 문자를 보냈더군요. 이 일본인 교수는 '이번엔 어쩌면 한국이 빠져나갈 수 없을지도 모르겠다'고 했습니다. 일본에선 뭔가 큰 그림을 그리고 있는 것 같아 불안하고 혼란스럽습니다."

그는 일본의 한국에 대한 규제가 단순한 일회성이 아닐 것이라고 내다봤습니다. 일본의 계획된 전략이라는 것이죠.

"일본은 한국에서 일어나는 불매 운동엔 눈 하나 깜짝하지 않습니다. 이번 일을 아베 전 총리가 정치적 목적으로 터뜨렸다고 착각해, 한국인들을 안일하게 만들려는 함정일 수 있습니다. 오히려 반도체 수출 제재는 큰 문제가 아닙니다. 억울하다는 소리만 내서는 일본을 결코 이길 수 없습니다. 일부 철없는 유튜버들이 일본도 피해를 볼 것이라고 주장하는데, 냉정하고 치밀하게 대응해야 합니다. 일본 안의 이상 기류가 한국에 전달될 수 있기를 바랍니다."

한국 정부 내에선 "일본의 횡포를 미국이 가만두지 않을 것"이라고 기대하는 듯합니다. 하지만 미국 입장에선, 일본보다 한국이 더 가까운 사이라고 여기기 어렵습니다. 미·일 동맹은 북한 억제만이 아니라 중국 및 러시아를 견제하는 강력한 수단입니다. 미국이 일본을 빼놓고 아시아 태평양 전략을 짤 수는 없습니다.

주한 미국대사는 아예 "지금은 미국 정부가 한·일 관계를 중재하거나 개입할 의사가 없다"고 못을 박았습니다. "한·일 양국이 알아서, 스스로 해결하라"는 메시지입니다. 바로 일본이 원하던 발언이지요.

한·일 갈등 양상이 어떻게 전개될지 예단하기 어렵습니다. 하지만 청와대와 정치권이 차분하고 전략적으로 대응하는 것 같지 않아 걱정입니다. 국민들의 반일 감정만 부추길 때가 아닙니다.

● 분쟁 중에도 일본 쓰레기 집중 수입하는 한국

한·일 간 경제 갈등이 풀릴 기미를 보이지 않는데도 우리나라는 일본 쓰레기를 집중 수입하고 있습니다. 재활용 쓰레기 중 하나인 폐플라스틱 이야기입니다.

환경 단체인 자원순환연대는 "우리나라 폐플라스틱도 갈 곳이 없어 남아도는 상황에서 일본에서 재활용 쓰레기를 대량 수입하는 걸 이해할 수 없다"며 일본 쓰레기를 막을 장치를 마련하라고 촉구했습니다.

국내에서도 폐플라스틱이 쌓이며 '쓰레기 산'이 늘고 있습니다. 폐플라스틱 처리 과정에서 심각한 환경 오염을 일으키고 있고요.

관세청의 폐기물 수출입 현황을 보면, 지난 10여 년간 한국으로 유입된 폐기물 중 60퍼센트 이상이 일본에서 왔습니다. 일본산 폐플라스틱은 최근 급증세를 타고 있습니다. 합성 섬유와 보도블록, 배관 등으로 가공할 수 있는 폐플라스틱은 2017년 일본에서 3만 93톤 수입됐는데, 2018년엔 이 숫자가 6만 4,464톤으로 늘었습니다. 수입량이 1년 만에 2.14배 뛴 겁니다. 2019년엔 이런 추세가 훨씬 강화됐고요.

일본산 폐플라스틱 유입이 급증한 건 서로의 이해관계가 맞아떨어졌기 때문입니다. 일본산 폐플라스틱의 경우 재활용하기가 상대적으로 쉽고, 양국이 지리적으로 가까워 물류비용이 적게

듭니다. 환경부 관계자는 "일본에선 플라스틱 분리수거가 잘 되고 있어 재활용이 비교적 쉽다. 예컨대 페트병만 해도 색깔과 재질별로 다 분리돼 있는데, 한국에선 분리수거 단계부터 그렇게 처리하지 못해 별도의 가공 비용이 든다"고 설명했습니다.

국내 폐플라스틱도 가공처를 찾기 어려운 상황에서, 돈을 주고 일본인들이 쓰고 버린 쓰레기까지 수입하는 건 생각해볼 여지가 있습니다. 재활용 쓰레기 가공 산업이 발달한 중국마저 폐기물을 더 이상 수입하지 않겠다고 선언한 마당이지요. 중국의 수입 금지 이후 일본 등 선진국 폐기물은 더 빠른 속도로 국내로 유입됐습니다.

우리가 원하든 원하지 않든, 국제 사회는 쓰레기의 국가 간 이동을 제한하려는 움직임을 보이고 있습니다. 재활용 목적이라도 쓰레기를 타국에 보내는 건 윤리적이지 않다는 겁니다. OECD는 폐기물 수출 때 수입국의 사전 동의 절차(PIC)를 구하도록 하는 방안을 마련했습니다. 폐기물의 국가 간 이동 규제 물질에 폐플라스틱을 포함(바젤 협약)하기도 했고요.

한국 정부는 일본산 쓰레기 문제에 대해 아예 손을 놓고 있다시피 합니다. 일본에선 갈 곳 없는 석탄재 폐기물만 해도 돈을 조금 얹어주면서 매년 엄청난 양을 한국에 보내고 있지요. 이런 사정을 잘 알고 있는 환경부가 지금까지 손을 놓고 있었다는 건 직무 유기에 가깝습니다.

위기의 대한민국을 논하다

● **"필리핀이 망고 안 판다고 타격 있겠나"**

정부는 일본의 화이트 리스트 배제 조치에 맞서 "우리도 일본을 화이트 리스트에서 빼겠다"고 했습니다. 일본과 똑같이 '눈에는 눈' 전략을 쓰겠다는 겁니다. 산업통상자원부는 '전략물자 수출입고시'를 통해 일본 등 29개국을 사용자포괄수출허가 대상인 화이트 리스트로 지정해 포괄 허가를 내줘 왔습니다. 이런 관례를 바꿔 일본 수출 품목에 대해선 엄격한 건별 심사를 거쳐 허가 여부를 결정하겠다는 것이지요.

우리의 맞대응 조치는 얼마나 효과가 있을까요. 분명한 건 내수 시장이 작고 자원이 별로 없는 우리나라는 수출주도형 경제인 데 반해 일본은 내수 위주 경제란 점입니다. GDP에서 수출이 차지하는 비중이 한국은 40퍼센트대, 일본은 15퍼센트대이죠. 일본은 우리처럼 '수출로 먹고사는 나라'가 아닙니다.

정부는 일본의 무역 규제에 따라 전략 품목 1,194개(일본의 수출 전략물자) 중 핵심으로 꼽히는 159개가 집중적인 영향을 받을 것으로 분석했습니다. 대일 의존도와 파급 효과가 높고, 국내외 대체 가능성이 상대적으로 낮은 품목들입니다. 일본의 정밀 소재·부품을 바탕으로 완제품을 생산해 해외에 내다 파는 가공무역이 활성화한 한국 입장에선 타격이 클 수밖에요.

반면 일본으로 수출하는 상품을 우리 정부가 직접 규제할 경우 일본 경제에 부정적인 영향을 끼칠 만한 품목은 단 14개로 집계됐습니다. 전략물자관리원과 한국무역협회 통계를 바탕으로 수입액 1,000만 달러, 일본의 한국산 수입 비중 50퍼센트 이상 품목을 전수 조사한 결과입니다. 품목 수도 적지만 더 문제인 건 일본으로선 필수품이 아니란 겁니다. 얼마든지, 또 거의 즉각적으로 제3국 대체가 가능한 품목이 대부분입니다. 일본을 상대로 수출 규제에 나서면 우리나라 기업들만 어려워질 가능성이 큽니다.

한국 기업들의 세계 시장 점유율이 70퍼센트에 달하는 D램 반도체나 낸드플래시는 어떨까요. 비메모리면 몰라도 메모리반도체의 경우 대만이나 중국에서 충분히 구입할 수 있습니다. 또 일본의 메모리반도체 수입액 중 한국 비중은 33.2퍼센트(2018년 기준, 한국 기업의 중국 공장 생산분 포함)에 불과하지요. 오히려 대만산 수입 비중(59.3퍼센트)이 훨씬 높습니다.

한국 정부는 일본이 수출 규제에 나서는 전략 물자에 대해 관세율을 낮추고 세무 조사를 유예하겠다고 밝혔습니다. 집중 관리 대상인 159개 품목에 대해선 보세구역 내 저장 기간을 연장하는 한편 수입 신고 지연 가산세도 면제하기로 했지요. 일본이 '안 팔겠다'는데 관세 인하, 세무 조사 유예, 수입 지연 가산세 면제 등이 무슨 소용이 있을까요.

정부 조치의 효용성에 대해 한 공무원은 "필리핀이 망고를 팔지 않겠다고 해서 한국이 타격을 받겠느냐. 우리가 화이트 리스트에서 일본을 빼겠다고 선언한 건, 우리도 물러서지 않겠다는 강한 의지를 드러낸 정도로 해석해 달라"고 선을 그었습니다.

외교·통상·경제 전문가들은 한·일 분쟁이 수년 지속할 것으로 보고 있습니다. 한국 정치권은 선거, 일본 정치권은 평화헌법 개정이란 정치적 이해관계가 깔려 있기 때문이란 진단입니다.

한 경제학자는 이렇게 말했습니다.

"상호 보복전이 확대되고 장기화하는 건 가장 불행한 일이다. 정부와 정치권은 상대에 대한 비난을 자제하고 일본이 추가 조치를 취할 명분을 줘선 안 된다. 더 불리한 건 우리다."

● FTA 속속 타결되는데 농업·일본 문제없나

산업통상자원부 산하 통상 교섭 본부장이 정부세종청사에서 긴급 간담회를 열었습니다. 2019년 말 타결된 역내 포괄적 경제 동반자 협정(RCEP)에 대해 설명하기 위한 자리였죠. RCEP는 우리나라가 처음 시도하는 다자간 FTA입니다. 아세안 10개국은 물론 한·중·일, 호주, 뉴질랜드, 인도가 참여하고 있지요. 최종 타결 후 수출주도형 경제 체제인 우리나라엔 긍정적인 영향을 미칠 것으로 기대됩니다.

통상 교섭 본부장이 기자 브리핑에 나선 배경엔 RCEP 결과를 놓고 일었던 논란도 있었던 것 같습니다. 앞서 중국, 일본, 호주 등 다른 나라와 달리 우리 정부가 지나치게 홍보에 골몰했던 게 아니냐는 지적이 있었습니다. RCEP 협정문 작성을 종결지은 걸 놓고 우리 정부가 '타결'이란 단정적 표현을 쓴 게 맞지 않다는 이야기가 나왔습니다. 협정 완성을 위해선 참여국별로 법적 검토를 거친 후 문안을 수정하고 양자 협상까지 마무리해야 하는데, 우리 정부가 다른 나라들과 달리 '협상 완료'를 뜻하는 타결 용어를 사용했다는 것이죠. 또 인구 13억 명의 인도는 이번 RCEP 협정문 조율에 참여하지 않았습니다.

이에 대해 통상 교섭 본부장은 "7년을 끌어온 RCEP 협상이 크게 진전됐고 막판까지 변수가 많았지만 결국 각국 정상이 100퍼센트 합의를 도출해 낸 건 큰 의미가 있다"고 했습니다. 해외에선 쓰지 않는 '협정문 타결'이란 표현을 쓴 데 대해선 "16개 국가 간 협상이 일반적이지 않고, 한국에서도 처음 시도하는 절차였다. 협상의 9부 능선을 넘은 상황에서 협정문 완성 자체도 중요한 의미를 갖는 것 아니냐"고 설명했지요.

어찌 됐든 RCEP 협상이 중요한 진전을 보인 건 사실입니다. 한국은 미국, 칠레, 싱가포르, 터키 등 16개국(또는 경제 체제)과 이미 자유무역을 완성(FTA 발효)했고, 러시아, 에콰도르, 필리핀 등과도 협상 중인 글로벌 FTA 선도국입니다.

RCEP는 인구와 GDP 측면에서 세계 최대인 만큼 파급 효과가 클 것으로 예상됩니다. 우리나라로선 반도체, 자동차, 선박, 통신기기 등 주력 수출품의 판매를 확대할 기회를 얻게 됐습니다. RCEP 참여국 중 일본을 제외한 모든 나라와 FTA를 맺고 있긴 하지만 이번 다자간 협정을 통해 제각각인 수출 규범을 통일할 수 있게 된 점도 적지 않은 수확입니다.

우려되는 부분도 있습니다. 대표적인 것은 농업 부문의 추가 개방과 일본에의 시장 개방입니다. 우선 농업입니다. RCEP는 환태평양 경제 동반자 협정(CPTPP) 등 다른 FTA보다는 시장 개방 수위가 낮긴 해도 채소류, 과실류 등 농업 분야에서 훨씬 더 많이 양보해야 합니다. 중국, 호주, 뉴질랜드 등 농업 강국들이 대거 포함돼 있기 때문이죠. 한국농촌경제연구원에 따르면, RCEP 회원국으로부터의 농산물 수입이 수출 대비 두 배 이상 많습니다. 농산물 시장을 전면 개방하면 국내 농업계 타격이 커질 수밖에 없지요.

앞서 정부가 또 다른 농업 강국인 인도네시아와의 FTA를 타결한 데 이어 WTO 협상에서 더 이상 개발도상국 특혜를 주장하지 않기로 선언한 터여서 농업계 불만이 확산하고 있습니다. 다만 "RCEP 협상 과정에서 농업은 매우 민감한 주제였고, 이 때문에 쌀의 경우 아예 협상 대상에도 넣지 않았다"는 게 정부 측 입장입니다.

또 다른 걱정은 '일본'입니다. RCEP가 최종 타결되면 사실상의 한·일 FTA가 완성되는 겁니다. 우리나라는 일본에서 한해 수백억 달러의 무역 적자를 보고 있습니다. RCEP는 대일(對日) 무역 역조를 더 키울 겁니다. 한·일 간 상품 양허 협상의 결과가 공개되지 않고 있지만 자동차, 의류, 전자 소재, 식품 등 여러 부문에서 상당한 수준의 관세 인하가 불가피합니다. 이는 "CPTPP의 경우 한·일 FTA 효과를 내기 때문에 신중한 접근이 필요하다"는 정부의 기존 입장과도 배치됩니다. 통상 교섭 본부장은 이에 대해 "RCEP가 한·일 FTA 효과를 내는 건 맞지만 시장 개방률이 98퍼센트 이상에 달하는 CPTPP보다는 개방 수위가 낮다"고 해명했습니다.

RCEP가 국내 경제에 미치는 효과는 작지 않을 겁니다. 여러 우려가 있지만 본격 시행된 후 우리나라 수출을 확대하는 데 기여할 수 있기를 기대합니다.

정부세종청사엔 왜 태국 비누가 전시돼 있을까 ●

금속 투구, 코끼리 조각품, 서양화, 가죽 채찍, 유리 세공품… 정부세종청사 산업통상자원부의 1층 로비에 전시돼 있는 품목입니다. 하나같이 국내에선 보기 드문 귀중품들로, 모두 국가 소유입니다. 산업부 장·차관들이 해외 출장을 나갔다가 해당국 장관 등과 회담한 뒤 받은 선물 등 기념품을 전시한 것인데, 해당국이 장관 개인에게 준 게 아닌 만큼 정부 차원에서 관리하고 있습니다.

전시 물품을 보면 몇 가지 재미있는 공통점을 발견할 수 있습니다. 전시된 물품이 유독 아랍 에미리트, 사우디아라비아, 카타

위기의 대한민국을 논하다

르, 인도네시아, 말레이시아, 호주, 중국 등에 집중된 것입니다. 대표적인 자원 강국들입니다. 우리나라에 자원이 부족한 만큼 역대 산업부 장관들이 자원 확보 외교에 적극 나섰다는 방증일 겁니다.

각국 선물에 값을 따질 수 없겠습니다만 한눈에 보기에도 비싸 보이는 기념품이 한가운데 자리 잡고 있습니다. 주형환 전 장관이 2016년 10월 아랍 에미리트에서 받은 커다란 '금빛 시계 장식'입니다. 국내에서도 유명한 셰이크 만수르 아랍 에미리트 부총리가 줬다고 기록돼 있습니다. 일부 선물은 개인이 운반하기엔 너무 무겁기 때문에 별도의 탁송 절차를 거쳐 들여온다고 합니다.

한쪽엔 웃지 못할 선물도 놓여있습니다. 백운규 전 장관이 2018년 5월 쁘라윳 짠오차 태국 총리를 예방한 뒤 받은 생필품 세트입니다. 이 세트는 비누 2개, 샴푸 1개, 컨디셔너 1개, 클렌징 폼 1개, 작은 비타민 1통으로 구성돼 있습니다. 자세히 살펴보니 제품 유효 기간이 이미 지났더군요. 태국 총리실에서 장관 개인에게 준 선물인데도 함부로 사용할 수 없어 그냥 전시한 것으로 보입니다.

정부 관리 규정에 따르면 해외에서 공식적으로 받은 선물의 경우 인사혁신처에서 종합 관리하는 것으로 돼 있습니다. 각 부처에선 장·차관이 출장 때 받은 기념품 등을 인사처에 신고한 뒤 자체 관리하는 경우가 많다고 합니다. 산업부가 로비에 전시하는 게 대표적인 사례입니다. 부패·훼손 가능성 때문에 장기 보관하기 곤란하다면 자체 심의위원회를 열어 처분을 결정한 뒤 기록으로 남겨둡니다. 10여 년 전까지만 해도 선물 보관 규정이 지금처럼 엄격하지 않았습니다.

그럼 우리나라 장·차관들은 방문국에 어떤 선물을 갖고 갈까요. 일률적인 규정은 없습니다. 각 부처 현안이 있는 개별 부서에서 필요에 따라 결정하는 게 대부분이지요. 다만 한국적인 문화를 보여 주기 위해 노력한다고 합니다. 산업부 관계자는 "상대국에 어떤 협의를 하기 위해 방문하느냐에 따라 선물이 달라진다"며 "예컨대 조선업종 관련 협의차 방문할 땐 거북선 모형을 구입해 들고 가는 식"이라고 말했습니다.

국내외 공무원들 간 주고받는 선물에도 치열한 외교적 고민이 담겨 있습니다.

위기의 대한민국을 논하다

2
고조되는
국제 경제 위기

● **북한산 석탄 미스터리⋯ 9,000톤은 어디로 사라졌나**

북한 석탄을 둘러싼 미스터리가 풀리지 않고 있습니다. 유엔 안
전보장이사회 대북제재위원회 산하 전문가 패널은 "러시아 홀
름스크항에서 선적된 북한산 석탄이 2017년 10월 2일과 11일
에 각각 인천과 포항으로 들어갔다"고 발표했습니다. 유엔이 금
수 품목으로 지정한 북한산 석탄이 러시아산으로 둔갑해 버젓이
한국에서 팔린 사실을 폭로한 겁니다.

외교부도 뒤늦게 해명에 나섰습니다. "북한 석탄 반입에 대한
정보를 입수했을 때는 수입 신고가 완료돼 있었다. 석탄이 이미
하역 처리된 것으로 확인해 빠른 조치를 취하지 못했다"고 했습

니다. 석탄이 인천과 포항항에 들어오자마자 시장에 풀리는 바람에 뒷수습에 실패했다는 겁니다.

한국에 유입된 북한산 석탄은 총 9,000톤으로 알려져 있습니다. 시가로 58만 5,000달러 규모이죠. 이 북한 석탄의 행방이 묘연합니다. 정부는 "추적 수사 중"이라고만 했습니다. 이 말이 사실이라면 이미 상당 시간을 허송한 겁니다.

석탄 유통 및 발전(發電) 업계에선 북한산 석탄을 공식적으로 유통하기는 어렵다고 입을 모읍니다. 광물에도 꼬리표가 붙어 있기 때문이죠. 북한 석탄의 경우 독특한 성질 때문에 화력 발전소에서 연료로 사용하는 게 쉽지 않습니다. 북한 석탄을 땔 수 있는 국내 화력 발전소는 한국동서발전과 남동발전의 일부 설비밖에 없습니다. 동서발전과 남동발전 둘 다 정부가 소유한 공기업들이죠.

다만 이 회사들은 "북한 석탄을 허가 전 반입한 사실이 없다"며 손사래를 쳤습니다. 대규모 석탄을 동해항이 아니라 인천 및 포항에서 하역했다는 점에서, 이들 발전 공기업의 말은 사실일 겁니다. 값싼 석탄값에 비해 운송 비용이 너무 많이 드니까요.

해외에서 석탄을 수입해 각 지역 연탄 제조공장에 납품하는 대한석탄공사도 "우리 역시 북한 석탄을 구경하지도 못했다"고 했습니다. 이 회사 관계자는 "북한 석탄을 활용하려면 통일부, 산업통상자원부, 관세청 등에 모두 신고해야 하는 등 절차가 까다롭다"고 말했습니다. 그러면서 "정상적인 과정을 거쳐 유통되지 않았을 것"이라고 추정했지요.

관련 업계에선 몇 가지 가능성을 이야기하고 있습니다. 첫 번째는 민간 건설업체들이 매입했을 가능성입니다. 겨울철에 아파트나 건물을 짓는 과정에서 석탄을 때 내부 온도를 높이는 관행이 있다고 합니다. 시멘트 타설 후 얼지 않도록 만들기 위해서지요. 석탄 반입 시점이 겨울 공사를 앞둔 작년 10월이었다는 걸 감안한 해석입니다.

또 하나는 석탄이 하역되자마자 항구 인근의 영세 업체로 빠져나갔을 개연성입니다. 에너지 업계 관계자는 "인천항 인근에선 섬유업체들이 소규모 석탄 발전 설비를 사용하고 있는 것으로 알고 있다. 가격만 싸다면 얼마든지 유통이 가능하다. 포항에선 포스코의 하도급 제철업체들이 값싼 북한산 석탄을 사 갔을 수 있다"고 귀띔했습니다. 모두 합법적인 유통은 아닙니다.

여기서 궁금한 점이 생깁니다. 북한산 석탄을 들여오는 과정에서 과연 우리나라 무역이나 세관 당국, 정보기관들이 하나같이 몰랐을까 하는 점입니다. 정부가 알고도 북한 반발을 의식해 묵인했다면 유엔 제재를 위반한 게 됩니다. 유엔 결의안 2371호에 따르면 모든 국가는 자국민에 의하거나 자국 국적 선박 등을 이용해 북한으로부터 석탄, 철 등 광물을 조달해선 안 됩니다.

요즘 북한과 연계되면 풀리지 않는 의문이 너무 많습니다.

일본이 '지소미아 폐기'를 진짜 두려워할까 ●

지소미아를 둘러싼 논란이 뜨거웠습니다. 정부와 여당은 일본의 대(對)한국 수출 규제에 맞서 지소미아 폐기를 적극 검토했습니다. 북한의 군사적 위협에 직면해 있는 일본이 지소미아 파기에 대해 커다란 두려움을 갖고 있을 것이란 인식이 밑바탕에 깔려 있습니다. 일본이 우리 주력 수출품인 반도체·디스플레이 소재를 겨냥했듯 우리도 지소미아를 일본의 급소로 쓰겠다는 판단이었죠.

대통령의 '복심'으로 통했던 청와대 비서실장은 국회에서 "화이트 리스트 배제를 결정한 일본과 민감한 군사 정보 교류를 지속하는 것이 맞는가에 대한 의문이 있는 게 사실"이라고 말했습니다. 국가안보실장 역시 "상호 모순된 입장을 유지하는 국가와 민감한 군사 정보를 교환하는 게 적절한지 검토가 필요하다"고 했지요.

진보와 보수 진영은 상반된 논리를 펴고 있습니다. 진보 쪽은 "일본에 일방적으로 유리한 지소미아를 즉각 파기해야 한다"고 주장하지만, 보수 쪽은 "지소미아는 한국 안보에 더 필요한 장치"라고 강조합니다.

20년 이상 동북아시아 정치·안보·외교를 연구해 온 전문가 A 씨의 이야기를 들어봤습니다. 그는 "지소미아 폐기는 일본의 급소가 아니다"라고 단언했습니다.

200

이 전문가는 "한반도 평화 체제를 구축해가는 과정에선 지소 미아 파기가 한국의 전략적 유연성엔 유리한 게 사실"이라고 전 제한 뒤 "다만 일본이 지소미아 폐기를 두려워할 것이란 생각은 잘못됐다"고 했습니다.

그는 "오히려 일본은 내심 한국이 지소미아를 먼저 파기하길 바랄 수 있다"며 "한·미·일 안보 협력 체제가 깨지면 남는 건 더 욱 단단한 미·일 동맹뿐이기 때문"이라고 말했습니다.

지소미아 파기를 통해 일본은 자신이 진짜로 원하는 '평화헌 법 개정 및 군사 대국화'에 한 발 더 다가갈 수 있을 것이라는 논 리입니다.

이 전문가는 "일본이 한국을 겨눴던 데는 문재인 정부가 한· 미·일 공조를 경시한 채 중국을 우선시했다는 불만과 불신이 깔 려 있다"고 했습니다. 그런데도 일본이 '지소미아 파기를 원하 지 않는다'는 뉘앙스를 계속 풍긴 건, 한국보다는 미국을 겨냥한 메시지일 가능성이 크다는 분석이죠.

한·일 양국은 2016년 지소미아를 체결한 뒤 북한의 군사 정 보를 공유해 왔습니다. 일본은 정보 수집 위성 5기, 지상 레이더 4기, 조기 경보기 17대 등 한국 대비 압도적으로 많은 정보 자산 을 운용하고 있습니다. 수차례에 걸친 북한의 미사일 실험 때도 한국은 일본 정보 자산의 도움을 적지 않게 받았던 것으로 알려 져 있습니다. 반면 한국은 상대적으로 높은 수준의 정보 해석 능 력을 갖추고 있고요.

미국으로선 한·미 동맹과 미·일 동맹 중에서, 미·일 동맹을 중시할 수밖에 없다는 게 이 전문가의 견해입니다. 그는 "동맹에선 공통의 적을 누구로 보느냐가 핵심인데 한·미 동맹은 북한, 미·일 동맹은 중국을 위시한 동북아시아 전체"라며 "동맹의 태생 자체가 다른 데다 미국으로선 일본과의 결합이 동아시아 전략에서 훨씬 유리하다"고 강조했습니다. 미국이 한·일 갈등 국면에서 한국 편을 들어줄 것이란 판단은 순진한 생각이란 겁니다.

일제 강점기에 발생했던 강제 징용이 문제의 시발이고, 정치적으로 서로 물러설 수 없다는 점에서 한·일 갈등의 해법이 요원하다고 봤습니다.

이 전문가는 "일본 처지에서 생각할 때 (한·일 청구권 협정 문제에서) 물러서면 중국이나 동남아시아 등 군국주의 시대 피해국들에 대한 기존의 전후 처리 원칙에도 악영향을 끼칠 수 있어 결코 양보할 수 없다"며 "한국 역시 진보 정권이냐 보수 정권이냐에 관계없이 역사 인식 문제에 관한 한 기존의 대원칙에서 물러서지 않을 것"이라고 했지요.

따라서 "당분간 외교적으로 풀 수 없다"는 게 그의 관측이었습니다. 이 전문가는 "한·일 관계가 최악인데도 미국이 나서지 않는 건, 중재가 아예 불가능하다는 걸 알기 때문"이라며 "그런 상황에서 한·일 정부가 상대방에게 특사를 보내봤자 해결할 수 있겠느냐"고 했습니다.

그는 "일본인들은 2010년 GDP에서 중국에 역전당했을 때 엄

위기의 대한민국을 논하다

청난 충격을 받았다"며 "한국 경제 규모가 커지면서 당시의 초조함을 되새기게 된 측면도 있다"고 설명했습니다.

이 전문가는 "일본 역시 약점이 있다"고 했습니다. "그건 지소미아보다 오히려 경제"라고 강조했지요. '돈 풀기' 위주의 아베노믹스가 조금씩 부작용을 드러내면서 일본 경제에 대한 불안이 커지고 있기 때문이죠. 한·일 간 경제 전쟁에 따른 피해는 한국이 더 많이 보겠지만 일본 역시 충격이 만만치 않을 것이란 진단입니다.

● 코로나19에 가려진 '경제 복병' 국제 유가

2020년 상반기의 예기치 못했던 국제 유가 급락은 사우디아라비아, 러시아 등 주요 산유국 간 증산 경쟁에다 글로벌 수요 부진이 겹쳤기 때문입니다. 석유 전쟁에 불을 당긴 건 '석유수출국기구(OPEC) 플러스(+)' 체제의 붕괴였습니다. 러시아가 유화 제스처를 취했지만 중동의 맹주인 사우디아라비아는 강경한 태도를 고수했지요.

양국 간 합의 결렬 직후 사우디아라비아는 자체적으로 원유 가격을 크게 낮춘 데 이어 지속적인 증산까지 공언했습니다. 즉각 원유 생산 능력을 하루 1,300만 배럴로 확대했습니다. 인근 아랍에미리트와 쿠웨이트 역시 같은 조치로 맞대응에 나섰고요.

경기 침체 상황에서 주요 산유국이 증산 경쟁에 돌입하자 국제 유가가 뚝뚝 떨어졌습니다. 서로 양보하지 않고 극한 충돌을 마다하지 않는 '치킨 게임'이 시작된 거지요.

왜 이렇게 복잡하게 꼬였을까요. 표면적인 배경은 사우디아라비아와 러시아 간 정면 대결이지만, 미국에 대한 견제가 깔려 있다는 관측이 지배적입니다.

전통적으로 막대한 석유를 해외에서 조달해 온 미국은 수년 전부터 '석유 순(純) 수출국'으로 돌아섰습니다. 기술 혁신을 통해 셰일오일을 대량 채취할 수 있게 된 게 배경입니다. 2010년만 해도 하루 540만 배럴의 원유를 생산하던 미국은 2019년 1,280만 배럴까지 생산량을 늘렸습니다. 사우디아라비아를 훌쩍 뛰어넘는 세계 1위 생산국이 된 겁니다. 도널드 트럼프 미국 대통령이 자신 있게 '에너지 패권'을 내세울 수 있게 된 겁니다.

사우디아라비아와 러시아가 본격 증산에 나서면서 상황이 역전됐습니다. 미국 원유 생산업계는 곧바로 생존을 걱정해야 할 처지입니다. 사우디아라비아와 러시아의 경우 땅속에서 원유를 끌어 올리면 되지만, 미국 셰일오일 기업들은 퇴적암(셰일)층에 고압의 액체를 분사해 석유를 뽑아내는 공법을 써야 해 생산 비용이 훨씬 많이 듭니다. 사우디아라비아의 원유 생산 원가는 배럴당 최저 10달러, 러시아는 17달러, 미국(셰일오일)은 30달러 안팎으로 알려져 있습니다.

사우디아라비아와 러시아 간 역학 관계도 간단하지 않습니다.

위기의 대한민국을 논하다

저유가에 대한 대응 여력에서 차이가 나기 때문이죠. 수출의 70 퍼센트 이상을 석유에 의존하고 있는 사우디아라비아와 달리 러시아는 상대적으로 여유가 있습니다. 재정 수지가 비교적 안정적이기 때문이죠. 러시아 측이 "배럴당 25~30달러 수준의 유가를 향후 6~10년간 감내할 수 있다"고 밝힌 배경입니다. 재정 균형 원가를 보면 러시아가 배럴당 40달러, 사우디아라비아가 80달러 정도입니다. 러시아가 상대적으로 저유가 상황을 더 오래 버틸 수 있다는 의미입니다.

가장 큰 문제는 원유 생산 비용이 많이 드는 미국입니다. 일시적이나마 미국 증시의 대폭락을 주도했던 것도 에너지 관련 종목이었죠. 셰일 관련 기업들의 연쇄 부도 가능성이 부각됐던 겁니다. 미국 고위험·고수익(하이일드) 채권 시장의 약 11퍼센트를 에너지 기업들이 차지하고 있다는 점에서, 금융 시장의 화약고 역할을 할 것이란 전망이 나옵니다.

대출채권담보부증권(CLO)이 대거 부실화하면서 미국 신용위기를 촉발할 것이란 우려도 있습니다. CLO는 각 기업의 대출채권을 담보로 금융 회사들이 발행하는 유동화증권(ABS)의 일종인데, 셰일오일 등 기업 채권을 기반으로 많이 발행돼 있지요. 2008년 글로벌 금융 위기 때는 일반 대출채권을 유동화한 부채담보부증권(CDO)이 '위기의 방아쇠'를 당겼습니다.

미국 셰일업체들의 연쇄 부도가 현실화할 경우 코로나19 확산 여부와는 별개로 글로벌 경제 위기가 장기화할 가능성이 높다는 관측입니다.

다만 세계 패권국인 미국의 대통령이 핵심 이해관계가 걸린 국제 유가 추락을 두고만 볼까요. 원인과 배경이 어떻든지 간에, 과거 유가가 급락했을 때마다 국제 전쟁이 발발했습니다.

한·미 통화 스와프가 손편지와 핫라인 덕분이라니 ●

외신을 통해 타전됐던 한·미 통화 스와프 계약은 국내 금융 시장에 커다란 안도감을 줬습니다. 통화 스와프는 마이너스 통장처럼 언제든지 달러를 꺼내 쓸 수 있도록 하는 제도이죠. 급등했던 원·달러 환율이 내림세로 돌아섰고 주가는 반등했습니다.

해외에선 "미국 중앙은행(Fed)이 해외 9개 중앙은행을 상대로 통화 스와프를 확대하기로 긴급 결정했다"며 "금융 시장 불안이 각국으로 빠르게 전이되는 걸 막기 위한 조치"라고 전했습니다.

그런데 유독 한국에선 미 중앙은행의 전격적인 통화 스와프 확대가 다른 양상으로 해석됐습니다. 기획재정부 장관이 미국 재무장관에게 직접 손편지를 보냈고, 미국 장관이 감동한 데 따른 결실이었다는 겁니다. 또 한국은행 총재와 미 중앙은행 의장간 끈끈한 핫라인이 결정적인 역할을 했다는 보도도 등장했습니다. 한국은행 총재 역시 출근길 기자들과의 인터뷰에서 "양자

면담 과정을 소상히 밝히는 건 조금 적절치 않아 보인다"면서도 "미국과 수시로 의견을 주고받을 수 있는 라인 같은 것이 있다"고 했습니다.

이런 이유 때문이겠지만 문재인 대통령은 "국제 공조를 주도한 한국은행, 또 이를 적극 지원하며 국내 공조에 나섰던 기획재정부를 격려한다. 비상한 시기에 '경제 중대본'의 사명감이 이룬 결실이다"고 했습니다. 또 "한국은행은 그간 중앙은행으로서의 독립성과 전문성을 바탕으로 여러 경제 상황에 책임 있게 대응해 위상을 강화해 왔는데 이번 성과 역시 그 결과라고 본다. 수고 많으셨다"고 격려했습니다.

사실 한·미 통화 스와프 계약을 처음부터 끝까지 주도했던 건 미국 중앙은행입니다. 미 중앙은행은 자국 국채를 5,000억 달러 이상 긴급 매입하기로 한 데 이어 신속한 통화 스와프 프로그램까지 내놓았습니다. 당연히 자국 금융 시장 안정을 위한 조치였습니다. 더구나 이번 통화 스와프는 2008년 처음 맺었던 중앙은행들과 똑같은 계약을 재체결한 게 골자입니다. 세계 금융 시장이 요구했던 바로 그 정책이죠.

미국이 이번에 통화 스와프를 체결한 국가로는 한국 외에 덴마크, 노르웨이, 스웨덴, 호주, 뉴질랜드, 브라질, 멕시코, 싱가포르가 있습니다. 총 9개국입니다. 2008년과 똑같은 국가들이죠.

2008년엔 캐나다, 영국, 유럽, 일본, 스위스와도 통화 스와프를 체결했었는데, 이들 5개국의 경우 이미 상시 계약을 맺고 있습니다. 미국이 긴급히 9개국만 추가했던 배경입니다.

이번 계약에 따라 미국이 통화 스와프를 체결한 국가는 14곳으로 늘게 됐습니다. 유럽 중앙은행(ECB)이 19개국으로 구성돼 있다는 점을 고려하면, 실제로는 총 32개국이 미국과 통화 스와프를 맺고 있는 것이죠. 미국의 우방이면서, 경제 규모가 일정 수준 이상인 국가는 빠짐없이 미국과 통화 스와프로 묶이게 됐다는 의미입니다.

미 중앙은행이 맺은 통화 스와프 계약 기간은 일단 6개월입니다. 돌발 변수가 없다면 한두 차례 연장될 게 확실시됩니다. 글로벌 금융 위기 때도 두 차례 연장됐고, 최종적으로 2010년 2월 1일 종료됐지요. 당시 달러 유동성 위기에 빠졌던 한국의 금융 시장은 '맹방'인 미국에서 큰 도움을 얻었습니다.

미국과 달리, 한국이 맺은 통화 스와프 계약국은 상대적으로 적습니다. 미국(600억 달러)이 추가됐지만 이를 합해도 8개국에 불과하지요. 구체적으로 캐나다(사전 한도 없음), 스위스(106억 달러 상당), 중국(560억 달러 상당), 오스트레일리아(호주·81억 달러 상당), 말레이시아(47억 달러 상당), 인도네시아(100억 달러 상당), 아랍에미리트(54억 달러 상당) 등입니다. 별도로 다자간 통화 스와프(CMIM)를 아세안+3국가(384억 달러, 13개국)와 맺고 있습니다.

한국 입장에선 고조되는 글로벌 금융·경제 위기를 대처하기에 여전히 부족하다는 평가가 나옵니다. 2008년 10월 말에도 달러당 최고 1,467원이던 원·달러 환율이 한·미 통화 스와프 체결 직후 이틀간 200원 떨어졌으나 한 달도 안 돼 이전 고점을 다시 뚫었으니까요. 환율은 당해 11월 24일 달러당 1,515원을 넘어섰습니다.

2008년보다 복합적인 위기 상황에서 전 세계 외환보유액 2위 국인 일본과의 통화 스와프를 거론조차 못 하는 건 아쉬움이 남는 부분입니다. 일본의 외환보유액은 한국 대비 3배가 넘지요. 외환보유액이 가장 많은 세계 1~3위 국가 중 일본과만 통화 스와프를 맺지 못하고 있습니다.

한국과 일본은 2001년 통화 스와프를 체결했으나 2012년 이명박 전 대통령의 독도 방문 후 양국 관계가 급속히 악화한 뒤 박근혜 정부 때인 2015년 완전 중단을 선언했습니다. 2016년 당시 '아쉬웠던' 한국이 일본 정부에 통화 스와프 재체결을 제안했지만 일본은 2017년 부산 주한 일본총영사관 앞 소녀상 건립을 계기로 협상 중단을 발표했습니다.

정부와 한국은행이 자신들의 공로가 아닌 한·미 통화 스와프 체결로 자화자찬할 때가 아니란 지적이 많습니다.

● **중남미서 '홀짝 외출제' 실험했더니 여성만 손해**

중남미의 몇몇 나라들이 특이한 실험을 했습니다. 코로나19 확산을 막으려고 '남녀 홀짝 외출제'를 시행했던 겁니다. 남성들은 홀숫날에, 여성들은 짝숫날에만 외출할 수 있습니다. 매주 일요일에는 남녀 모두 밖에 나갈 수 없지요. 이틀에 하루꼴로 전 국민 가택 연금을 시행한 것과 다름없습니다.

이런 극단적인 '성차별' 정책을 시행했거나 하고 있는 국가는 페루와 콜롬비아, 파나마 등입니다. 의료 시설이 낙후한 국가들이어서 일단 코로나19에 걸리면 치명률이 높은 게 특징입니다. 다소 과도해 보이더라도 이런 엄격한 사회적 거리 두기에 나서지 않을 수 없었던 겁니다.

남녀 홀짝 외출제의 특징은, 당국이 규제 위반자를 쉽게 적발할 수 있다는 겁니다. 남성만 외출할 수 있는 날에 여성이 돌아다니면 즉각 체포하거나 거의 한 달 치 급여를 벌금으로 물렸습니다.

중남미 국가들은 이 정책을 시행한 뒤 당황스러운 상황에 직면해야 했습니다. 여성 외출이 허용된 날에는 식료품점마다 긴 줄이 형성된 반면, 남성 외출이 허가된 날에는 길거리만 북적였다는 겁니다.

짝숫날마다 식료품점에 인파가 몰리니 결과적으로 여성들의 코로나19 감염 위험이 급증했습니다. 결국 페루는 가장 먼저 '남녀 홀짝 외출제'를 포기했습니다. 페루 정부 관계자는 "처음부터 일주일 중 이틀만 남성 외출을 허용하고 나머지 4일간은 여성 외출을 허용하는 게 나았을 것"이라고 평가했습니다. 여성들이 중남미식 남녀 차별의 희생자가 됐다는 반성입니다.

트랜스젠더 등 성 소수자 인식 문제도 현안으로 떠올랐습니다. 예컨대 남성에서 여성으로 성전환한 사람이 어떤 날 밖에 나갈 수 있는지를 놓고 혼란이 빚어졌던 겁니다. 성 소수자 단체들은 "성별이 아니라 신분증 번호에 따라 이동을 제한하라"고 촉구했습니다.

전혀 예상하지 못했던 문제도 생겼습니다. 지나치게 많은 무료 통행권이 발급됐던 것이죠. 처음엔 자유롭게 외출할 수 있는 통행권이 일부 직군에만 주어졌으나 점차 확대됐다고 합니다. 결과적으로 의사, 간호사 등 보건 요원은 물론 경찰관, 군인, 경비원, 언론인, 슈퍼마켓 계산원, 배달원, 은행원, 버스 기사, 농부, 외교관 등이 남녀 홀짝 외출제의 제한을 받지 않게 됐습니다. 부패가 만연한 사회에서 일종의 특권이 남용되면서 불평등만 심화시켰습니다.

코로나19 이후 외국인 혐오(제노포비아)는 세계 곳곳에서 자연스러운 현상으로 받아들여지고 있습니다. 중국인과 외모가 비슷한 동양인들은 서구권에서 집중 공격의 대상이 됐지요. 도널드 트럼프 미국 대통령은 코로나19를 '중국 바이러스'라고 부르며 제노포비아 논란을 키웠습니다.

미국의 팝 가수인 마돈나는 소셜미디어(SNS)에 '코로나19는 위대한 균등자(great equalizer)'라고 했습니다. 감염 대상이 얼마나 부자인지, 얼마나 유명한지, 어디에 사는지, 몇 살인지 등을 따지지 않는다는 이유에서죠. 하지만 전염병이 아니라 인간들이 다양한 형태의 차별을 확산시켰습니다.

위기의 대한민국을 논하다

3

코로나 경제
대처법

● **코로나 확진자가 없었던 게 아니라 몰랐었나**

코로나19가 확산하자 전국 대학에 웃지 못할 촌극이 벌어졌습
니다. 전국 7만여 명에 달하는 중국 유학생 중 일부가 "한국이
위험하니 휴학하고 싶다"고 문의해 왔다는 겁니다. 코로나19 발
원지인 중국보다 한국에서 감염 위험이 더 크다는 이유에서죠.

코로나19의 무서운 점은 엄청나게 빠른 전염 속도에 있습니다.
과학 전문지《사이언스》에 따르면 2003년 유행했던 사스보다
전파 속도가 최대 20배 정도 빠릅니다. 비말이나 접촉뿐만 아니
라 공기 감염도 가능한 것으로 알려져 있지요. 5년 전 퍼졌던 메
르스가 전 세계에서 2,500명 정도를 감염시켰는데 코로나19의

경우 불과 수개월 만에 1,000만 명 넘는 '숙주'를 양산했습니다.

뚜렷한 치료제도 없습니다. 입원 이후에도 기껏해야 염증 치료에 나서는 정도가 전부입니다. 스스로 이겨 내야 한다는 뜻입니다. 오명돈 서울대 감염내과 교수는 "환자 본인이 감염된 줄 모를 정도로 경미한 증상을 갖고 있더라도 이 시기에 대량의 바이러스를 배출하는 게 코로나19의 특징"이라고 설명했습니다.

한국에서 코로나19가 폭발적으로 확산한 데는 이단 종교로 알려진 신천지가 한몫을 했습니다. 대구 61세 교인인 '31번 환자'가 슈퍼 전파자로 지목됐으나 그 역시 신천지 내 누군가에게서 감염됐을 가능성이 높습니다. 동시 감염자가 상당수였기 때문이죠.

신천지의 문제는 '자신이 신천지 교인이란 사실을 제대로 밝히지 않는다'는 점입니다. 정부가 신천지 내 감염자 수백 명을 대상으로 누구와 접촉했는지 묻는 역학 조사를 실시했으나 결국 실패했던 배경입니다.

정부의 방역 조치 역시 아쉬운 대목이 많습니다. 위험성을 간과했던 게 가장 큰 문제로 꼽힙니다. 대구에서 31번째 환자가 발생했을 때까지만 해도 검역 당국은 다소 안도하고 있었던 것으로 보입니다. 확진자 수가 하루 한두 명에 그치고 있었기 때문이죠. 문재인 대통령도 "방역 관리가 어느 정도 안정적인 단계에 들어섰다. 과도한 불안감을 갖지 않아도 된다"고 했습니다.

하지만 31번 환자의 발병일은 훨씬 전이었던 것으로 뒤늦게 드러났습니다. 또 이 시기를 전후로 상당수 감염자가 전국을 활보하고 있던 것으로 파악됐지요. "한국에 감염자 수가 적었던 게 아니라, 당국이 감염자를 제대로 파악하지 못하고 있었다"는 해석이 가능합니다.

감염의심자들이 검사를 거부하거나 접촉자 등 사실관계를 고의로 숨길 수 없도록 강제 수단을 사전에 마련해 놓지 않았던 것도 문제로 꼽힙니다. 신천지 신도들은 초기 역학 조사에 100퍼센트 협조하지 않아, 당국이 휴대폰 위치 정보 시스템(GPS)에 의존해야 했습니다.

오히려 정부보다 지방 자치 단체가 한발 앞서 과감한 조치에 나서기도 했습니다. 정부가 우왕좌왕하는 사이 경기도는 도 내 모든 신천지 교회를 폐쇄 조치했지요.

코로나19에 대응할 최선의 방법은 '적극적인 격리'뿐입니다. 중국은 우한 등 대규모 감염 지역을 대상으로 준(準)전시 상태를 선언하고 이동 제한 조치를 내린 뒤 효과를 봤습니다. 코로나19 팬데믹이 소강상태를 보이더라도 사회적 거리 두기를 지속해야 합니다. 이제 과거로 돌아갈 순 없습니다.

● **코로나로 불붙은 경제 위기 10년 주기설**

국내 자산가들 사이에서 '경제 위기 10년 주기설'이 집중적으로 퍼지기 시작한 건 2019년 여름이었던 것 같습니다. 큰 위기가 닥칠 것이란 예상에 시중에선 금과 달러 사 모으기가 유행했지요. 금값이 계속 올랐던 배경 중 하나입니다. 개인들의 달러 예금도 급증했습니다.

당시만 해도 국내 정치·경제 상황에 대한 관측이 주된 근거였습니다. 소득 주도 성장 정책 실패에 따른 경기 추락과 미·중 무역 분쟁 장기화 등이었지요. 우리 경제의 버팀목으로 꼽혀온 수출도 감소세로 전환했습니다.

1997년 외환 위기, 2008년 금융 위기 등을 겪은 데 이어 다시 큰 경제 위기를 겪을 시점이 도래했다는 막연한 추측도 한몫했습니다. 이른바 "10년마다 큰 위기가 온다"는 10년 주기설이죠. 다만 2019년 말까지는 현실화 가능성이 낮았던 게 사실입니다. 큰 주목을 끌지 못하던 10년 주기설은 코로나19 발병과 함께 다시 불붙었습니다. 위기는 이렇게 예고 없이 옵니다.

1990년대 후반의 외환 위기는 한국은행이 보유하고 있는 달러가 바닥을 드러내면서 찾아왔습니다. 한국의 외환보유액은 현재 4,000억 달러를 넘어 세계 9위 수준인데, 외환 위기가 터질 당시엔 39억 달러밖에 없었지요.

이를 눈치챈 해외 금융 회사들이 너도나도 '대출 상환'을 요구하면서 일종의 지급 불능 사태로 치달았습니다. 압축 성장 과정에서 누적됐던 기업들의 방만 경영이 근본적인 원인이었던 것으로 뒤늦게 확인됐습니다. 주목할 점은 당시에도 기업 실적이 빠르게 악화했고 경상 수지 적자가 확대됐다는 겁니다.

금융 위기는 2007년 '서브프라임 모기지'를 집중적으로 취급하던 미국 월스트리트에서 시작됐습니다. 저금리에 따른 시중 유동성 급증이 은행권 대출 경쟁으로 이어졌고 '위험 분담'에 골몰하던 월가에선 부채 담보부 증권(CDO) 등 신종 파생 상품을 쏟아냈습니다.

미 중앙은행(Fed)이 금리를 올리기 시작하자 주택 시장이 급속히 붕괴했고 파생 상품이 휴짓조각이 됐던 게 비극의 단초입니다. 1929년 발생했던 대공황에 버금가는 세계적 수준의 대혼란이 초래됐지요.

이전까지 견조했던 우리나라 경제 성장률은 글로벌 금융 위기 때인 2008년 3.0퍼센트로 낮아졌고 2009년 0.8퍼센트로 뚝 떨어졌습니다. GDP 대비 40퍼센트에 달할 정도로 높은 수출 비중 때문에 글로벌 위기는 우리 경제에 직격탄이 될 수밖에 없지요.

코로나19 확산과 함께 주목받은 '10년 주기설'은 글로벌 증시 폭락과 궤를 같이하고 있습니다. 사우디아라비아, 러시아, 미국 등 산유국들의 '석유 정치'가 유가 하락에 불을 당겼습니다. 실물과 금융 위기가 동시에 닥치면서 장기 경기 침체의 신호탄이 될 것이란 관측이 쏟아졌습니다.

가장 큰 문제는 한국이 안고 있습니다. 미국, 일본 등이 경제 호황을 구가하며 체력을 비축하는 동안 우리 경제는 뒷걸음질 쳤기 때문이죠. 코로나19는 그로기 상태였던 우리 경제에 치명

타를 가할 수 있습니다. 우리 경제의 약한 고리는 자영업자와 영세 중소기업입니다. 이들이 빚 상환에 어려움을 겪으면 본격적인 금융 부실로 이어질 수 있습니다.

코로나발(發) 경제 위기가 얼마나 지속할지 예측하긴 어렵습니다. 희망적인 부분이 있다면, 외환·금융 위기 역시 결국은 이겨 내고 재성장의 발판을 마련했다는 것입니다.

코로나 검진 후 식당 동행한 중앙 부처 공무원들 ●

2020년 3월 해양수산부 공무원 30여 명이 한꺼번에 코로나19에 감염됐던 건 여러 가지 측면에서 충격적이었습니다. 중앙재난안전대책본부가 위치한 세종시에서, 그것도 중앙 부처 공무원들이 단체로 코로나19 판정을 받았기 때문이죠.

코로나19 확진 환자 중 집단 감염이 80퍼센트를 넘었다는 점에서, 집단 감염을 막는 일은 절대적으로 중요합니다. 문재인 대통령이 집단 감염에 대한 방역 대책 수립을 수차례 지시했던 것도 같은 이유에서죠.

정부세종청사엔 국무조정실을 비롯한 20개 중앙 부처, 15개 소속 기관 등 총 35개 기관이 입주해 있습니다. 상주 공무원만 무려 1만 5,000여 명에 달하지요. 중앙 공무원의 집단 감염 사태로 한동안 행정 공백이 불가피했습니다. 정부가 추가 확산을 막기 위해 각 청사를 연결하는 통로와 옥상 정원 출입을 전면 차단했으나 보건복지부, 보훈처, 대통령기록관, 인사혁신처 등 전방위로 퍼진 뒤였습니다.

특히 코로나19 의심 증상이 있거나 밀접 접촉자로 분류된 해수부 공무원들이 선별진료소에서 단체 검진을 받은 뒤 방역 수칙을 제대로 지키지 않은 것으로 드러나 뒷말을 낳았습니다. 세종시가 공개한 확진자 동선을 보면, 해수부 공무원인 세종시 25번 확진자는 평일 오전 10시 선별진료소에서 검진을 받았고, 10시 39분 곰탕집에서 식사를 했습니다. 이후 오후 3시 18분 편의점을, 3시 25분 마트를 각각 들렀던 것으로 나옵니다.

또 다른 해수부 공무원은 이 25번 확진자와 식당 등에 동행했던 것으로 확인됐습니다. 오전 9시 20분 보건소 검진을 받은 이후인 10시 23분 약국에 들렀다가 10시 39분부터 같은 곰탕집에서 식사를 했습니다. 25번 확진자와 함께 식당을 나와 사무실로 복귀했다가 오후 5시 귀가했지요. 두 사람 모두 같은 날 코로나19 확진 판정을 받았습니다.

사스 바이러스 대비 인체 침투력이 1,000배가량 높은 코로나19의 특징을 감안할 때 잠재 환자와의 공동 식사가 위험하다는 사실을 간과했던 것 같습니다. 대구 한전MCS 남동 지사에서 12명의 집단 감염이 발생했던 것도 이들 중 9명이 식사를 같이 했기 때문이었죠. 공기업인 한전MCS는 비정규직의 정규직화 차원에서 작년 신설된 한국전력 자회사입니다. 정부는 사회적 거리 두기 일환으로 구내식당 점심시간마저 시차를 두고 이용하도록 권장해 왔습니다. 식사 자리에서도 이용자들이 마주 보지 않고 한쪽 방향으로만 앉도록 안내했지요.

민간기업들은 방역에 초비상입니다. 한 명이라도 확진자가 발생할 경우 건물 전체를 비워야 하고, 기업 실적에도 악영향을 끼칠 수 있어서지요. 고용과 월급, 성과급과도 직결됩니다. 중앙 정부 소속 공무원들이 이런 절박함을 갖고 있었는지 의문입니다.

진단 장비에 독도 이름 붙이라는 국민 청원 ●

한국산 코로나19 진단키트가 각광을 받자 한 네티즌이 특이한 아이디어를 냈습니다. 이번 기회에 "수출용 코로나19 진단 장비 이름을 '독도'로 바꿔 달라"는 국민 청원을 청와대에 낸 겁니다.

이 네티즌은 "정부와 국민의 적극적인 참여로, (국가) 폐쇄 없이 코로나19 사태를 진정시키고 있다"며 "진단키트를 독도라는 이름으로 수출하면 독도 위상이 크게 향상될 것"이라고 주장했지요. 이 청원은 여러 온라인 커뮤니티에 퍼 나르기 됐고, 청와대 및 정부의 답변 요건(20만 명 이상)을 이틀 만에 충족했습니다.

세계 각국에서 한국산 진단키트를 무상 또는 유상으로 지원해 달라는 요청이 쏟아진 건 사실입니다. 미국 역시 진단키트를 공급해 달라고 'SOS'를 쳤습니다.

정부 승인을 받아 코로나19 진단키트를 대량 생산하고 있는 곳은 씨젠, 코젠바이오텍, 솔젠트, 에스디바이오센서, 바이오세움 등 적지 않습니다. 코로나19가 중국 우한에서 처음 발병한 뒤 식품의약품안전처가 이들 기업에 발 빠르게 승인을 내줬지요. 우리 기업들은 검체 채취 후 4시간, 또는 이보다 훨씬 빨리 정확한 결과를 도출해 내는 고품질 진단키트를 생산하고 있습니다. 국내에서 다 쓰고도 남을 만큼 수출 여력도 충분합니다.

코로나19 진단 장비는 세계적으로도 한국에서 가장 먼저 상용화됐습니다. 전염병 확산이 중국에 이어 두 번째로 빨랐던 탓에 초기에 수십만 건을 진단했던 경험까지 더해졌지요. 진단 품질의 수준이 그만큼 높다는 뜻입니다.

중국 역시 진단키트를 대량 생산해 왔지만 정확도가 떨어지는 것으로 알려져 있습니다. 스페인, 체코 등에서 중국산 진단키트의 정확도가 20~30퍼센트에 불과하다는 보도가 나왔지요. 다만 수출용 진단키트를 묶어 독도란 브랜드를 붙이자는 주장에 대해선 이견이 적지 않습니다. 안전키트 제조업체들이 이미 수출용 브랜드를 갖고 있는 상황에서 '정치성'을 띠는 이름으로 바꾸라는 의견이기 때문이죠. 어떤 브랜드를 붙일지 말지는 밤잠을 줄이며 개발해 낸 민간 회사가 자율적으로 결정할 사안입니다.

전염병 팬데믹 상황에서 방역 물품에 독도를 결부시키는 게 국익에 부합할지도 의문입니다. 독도는 이미 우리나라가 실효 지배하고 있기 때문이죠. 논란이 커질수록 분쟁 지역이란 인식만 심어줄 우려가 있습니다.

코로나 진단키트를 생산하는 기업들은 공기업과는 거리가 멉니다. 각자 생존·성장을 위해 최선의 결정을 할 겁니다. 삼성전자 휴대폰이나 방탄소년단이 전 세계에 큰 영향을 끼치고 있다고 해서 "독도 홍보 대사로 활용하자"는 청원을 청와대에 낸다면 어색하겠지요.

위기의 대한민국을 논하다

제1판 1쇄 인쇄 | 2020년 12월 8일
제1판 1쇄 발행 | 2020년 12월 15일

지은이 | 조재길
펴낸이 | 손희식
펴낸곳 | 한국경제신문 한경BP
책임편집 | 노민정
교정교열 | 김가현
저작권 | 백상아
홍보 | 서은실 · 이여진 · 박도현
마케팅 | 배한일 · 김규형
디자인 | 지소영

주소 | 서울특별시 중구 청파로 463
기획출판팀 | 02-3604-590, 584
영업마케팅팀 | 02-3604-595, 583   FAX | 02-3604-599
H | http://bp.hankyung.com   E | bp@hankyung.com
F | www.facebook.com/hankyungbp
등록 | 제 2-315(1967. 5. 15)

ISBN 978-89-475-4676-8 03300